FACULTÉ DE DROIT DE LILLE

ESSAI

SUR

LES JUSTICES FONCIÈRES

ÉTUDIÉES PRINCIPALEMENT DANS LE NORD

DE LA FRANCE

THÈSE POUR LE DOCTORAT

PAR

Paul ROGIER

Avocat.

L'ACTE PUBLIC SUR LES MATIÈRES CI-APRÈS

Sera soutenu le Mercredi 19 Juillet 1899, à 10 heures du matin

Président.   M. F. PELTIER, professeur adjoint.

Suffragants   { M. JACQUEY, professeur d'Histoire du droit.
{ M. P. COLLINET, agrégé, chargé de cours.

PARIS

A. PEDONE, ÉDITEUR

LIBRAIRE DE LA COUR D'APPEL ET DE L'ORDRE DES AVOCATS

13, RUE SOUFFLOT, 13

1899

ESSAI

SUR

LES JUSTICES FONCIÈRES

FACULTÉ DE DROIT DE LILLE

ESSAI

SUR

LES JUSTICES FONCIÈRES

ÉTUDIÉES PRINCIPALEMENT DANS LE NORD
DE LA FRANCE

THÈSE POUR LE DOCTORAT

PAR

Paul ROGIER

Avocat

L'ACTE PUBLIC SUR LES MATIÈRES CI-APRÈS
Sera soutenu le Mercredi 19 Juillet 1899, à 10 heures du matin

Président..... M. F. Peltier, professeur adjoint.

Suffragants... { M. Jacquey, professeur d'Histoire du droit.
{ M. P. Collinet, agrégé, chargé de cours.

PARIS

A. PEDONE, ÉDITEUR

LIBRAIRE DE LA COUR D'APPEL ET DE L'ORDRE DES AVOCATS

13, RUE SOUFFLOT, 13

1899

FACULTÉ DE DROIT DE LILLE

ENSEIGNEMENT

MM. VALLAS (O. I. ✪), doyen, professeur de droit civil.
FÉDER (O. I. ✪), professeur de droit civil.
GARÇON (O. I. ✪), professeur de droit criminel, chargé de cours à la Faculté de Paris.
LACOUR (O. I. ✪), professeur de droit commercial.
BOURGUIN (O. I. ✪), professeur d'économie politique.
MOUCHET (O. I. ✪), professeur de droit romain.
JACQUEY (O. I. ✪), professeur d'histoire du droit.
WAHL (O. A. ✪), professeur de procédure civile.
JACQUELIN (O. A. ✪), professeur de droit administratif.
PELTIER, professeur adjoint.
COLLINET, agrégé, chargé de cours.
MARGAT, agrégé, chargé de cours.
PERCEROU, agrégé, chargé de cours.
DUBOIS, chargé de cours.

ADMINISTRATION

MM. VALLAS (O. I. ✪), doyen.
LACOUR (O. I. ✪), assesseur.
SANSON (O. A. ✪), secrétaire.

DOYEN HONORAIRE

M. DE FOLLEVILLE (O. I. ✪).

SECRÉTAIRE HONORAIRE

M. PROVENSAL (O. I. ✪).

SOURCES

I. — Ouvrages manuscrits

DESMAZURES (Pierre). *Remarques et observations sur la coutume générale d'Artois.* Bibliothèque municipale de Lille. nᵒˢ 187, 193. Cinq volumes in-fol., xviiiᵉ siècle.

C'est plus qu'un commentaire, c'est un véritable traité de droit appliqué à la législation coutumière de l'Artois ; si cet ouvrage considérable n'a pas le mérite du style, il a du moins celui d'être clair et ordonné. Il se divise en 17 livres qui sont eux-mêmes subdivisés en un certain nombre de titres. Les matières y sont exposées en suivant l'ordre des Institutes.

GOSSON (Nicolas). *Commentaires sur les coustumes d'Artois*, augmentés par Dubois, Coronel et Mayoul. Bibliothèque de Douai, nᵒ 676, xviiᵉ siècle. Ce commentaire diffère sensiblement de celui qui a été publié en 1704, par Maillart, en notes sous chacun des vingt-six premiers articles de la coutume d'Artois.

HÉBERT (Guillaume-François). *Remarques sur plusieurs articles de la coutume d'Artois.* Ce commentaire manuscrit est très répandu. Nous avons consulté celui de la Bibliothèque universitaire de Lille, nᵒ 1002, année 1695.

Cet ouvrage est beaucoup plus répandu que celui de Desmazures ; il est remarquable en ce qu'il étudie surtout les usages locaux de l'Artois. Hébert prend chaque article de la coutume l'un après l'autre et emploie avec beaucoup de science la méthode analytique.

LECOQ (Charles-Adrien). *Commentaire sur la coutume de la ville de Lille.* Bibliothèque municipale de Lille, nᵒˢ 243-248. Six volumes in-fol, xviiiᵉ siècle.

A la page B du tome I, on y lit une note signée Fievet et Chaumont, où il est dit que Lecoq avait prêté ses commentaires à Patou, qui s'en servit pour faire son commentaire : « en sorte, dit la note, que presque tout le fond de l'ouvrage de Monsieur Patou est vraiment de M. Lecoq ». Il est possible que Patou se soit servi du commentaire de Lecoq qui représente un travail considérable, mais les deux ouvrages diffèrent complètement et celui de Patou, notamment, semble beaucoup plus complet que celui de Lecoq, pour toutes les matières féodales.

ANONYME. *Commentaires sur les coustumes générales du pays et Comté d'Artois,* pris de divers autheurs et principalement de Mᵉ Nicolas Gosson, escuier, sieur de Mercastel et maître Guislain-Pisson. Bibliothèque municipale de Lille, nᵒ 184, xviiᵉ siècle.

II. — Ouvrages imprimés

ANCIENS USAGES D'AMIENS. Édit. Marnier, Paris, 1840, in-8ᵒ.

ARCHIVES LÉGISLATIVES ET ADMINISTRATIVES DE LA VILLE DE REIMS, par Varin, dix vol., Paris, 1839-53, in-4ᵒ (*Doc. inédits sur l'Hist. de France*).

ARCHIVES MUNICIPALES DE BORDEAUX. — *Livre des Coutumes.* Bordeaux, 1867-90, quatre vol. in-4ᵒ.

BACQUET. *Traité des droits de justice,* dans : *Œuvres,* Paris, 1688. Un vol. in-folio.

BAUDUIN. *Notes sur la coutume d'Artois,* dans le *Commentaire* de Maillart, depuis la page 181 jusqu'à la page 456.

BALUZE. *Capitularia regum francorum*. Paris, 1780. Un vol. in-folio.

BASNAGE. *Commentaire sur la coutume de Normandie. Œuvres*. Rouen, 1778. Deux vol. in-folio.

BEAUMANOIR. *Coutumes de Beauvoisis*. Edit. Beugnot. Deux vol. Paris, 1842, in-8°.

BOERIUS, en français BOHIER ou BOYER. *Decisiones supremi senatus Burdegalensis*. Francfort, 1665. Un vol. in-folio.

BOUHIER. *Observations sur la coutume de Bourgogne*, dans : *Œuvres de jurisprudence*. Dijon, 1787-88. Deux vol. in-folio.

BOULÉ (André). *Institution au droit coutumier du Hainaut*. Mons, 1780, in-4°.

BOUTILLIER. *Somme rural*. Edit. gothique, 1538. Edit. Charondas, Lyon, 1621, in-8°.

BRODEAU. *Coustumes de la prévosté et vicomté de Paris*. Paris, 1659. Deux vol. in-folio.

BURIDAN. *Les coutumes générales du bailliage de Vermandois dans le coutumier de Vermandois*. Paris, 1728, in-folio, t. I.

BURIDAN. *Cout. de la cité et ville de Rheims*, ibid., t. II.

BRUNET. *Observations notables sur les règles et principes du droit coutumier*. Saint-Omer, 1724. in-4°.

BRUTAILS. (S. A.) *Documents relatifs à l'exercice de la justice foncière dans le Bordelais au XIV⁰ siècle. Nouv. Rev. Hist. de droit français* [1], 1896, pages 532 et suiv.

Chartes générales du Hainaut dans FAIDER. *Coutumes du pays et du comté de Hainaut*. Bruxelles, 1883. Trois volumes.

COGNIAUX. *Pratique du retrait*. Mons, 1743.

---

[1] Nous désignerons désormais la *Nouv. Revue Hist. de droit français* par les lettres : N. R. H. D. F.

Consultation sur la nécessité du maintien de la conjure dans les justices féodales, foncières ou municipales des Pays-Bas, donnée par Savary, Bonnaire, Merlin à Douai en 1788. Brochure de 10 pages. Bibliothèque munic. de Lille, F. Z., 608.

Conseil de Pierre de Fontaine. Edit. Marnier, 1846, in-8°.

COUART. *Les coustumes du duché et bailliage de Chartres.* Paris, 1638. in-f°.

Coutume de Bretagne (la très ancienne). Edit. Planiol. Rennes, 1896. in-8°.

Coutumes de France du temps de Charles VII, publiées par d'Espinay. *Nouv. Revue hist. de Droit français*, 1891, p. 145.

Coutumes et institutions de l'Anjou et du Maine antérieures au XVIᵉ siècle, publiées par Beautemps-Beaupré. Paris, 1890-1893. Deux vol. in-8°.

Coutumes locales du bailliage d'Amiens, publiés par A. Bouthors. Paris, 1853. 2 vol.

Coutumes de Ponthieu et de Vimeu (anciennes) dans *Anciennes coutumes de Picardie*. Edit. Marnier, 1840.

Coutumier d'Artois (Ancien). Ed. Tardif, Paris, 1883, in-8°.

Coutumier de France (Le Grand). Edit. de Laboulaye et Dareste. Paris, 1868, in-8°.

Coutumier général de Bourdot et de Richebourg. Paris, 1724. Quatre vol., in-f°.

Coutumier de Normandie (Le très ancien) texte latin. Edit. Tardif, Rouen, 1881, in-8°; texte français : *Etabliss. et coutumes, assises et arrêts de l'Echiquier de Normandie*, 1839. Edit. Marnier.

Coutumier de Normandie (le Grand), texte latin : *Summa de legibus*. Edit. Tardif, Paris, 1896; texte français-latin : *L'ancienne coutume de Normandie*. Edit. W. Laurence de Gruchy, 1881.

Coutumier de Picardie (Ancien), Coutumes notoires, assises et ordonnances des cours et tribunaux de Picardie. Edit. Marnier, Paris, 1840.

Coutumier de Picardie contenant les commentaires de Heu, de Dufresne, et de Ricard sur *les coutumes d'Amiens;* de Gosset sur celle de *Ponthieu;* de Le Caron sur *Péronne, Montdidier,* et *Roye;* de la Villette, *Nouveaux commentaires sur les mêmes coutumes;* de Dubours de *Montreuil-sur-Mer;* de Le Roy de Lozembrune, Nouveau commentaire sur celle de *Boulenois.* Paris, 1726. Deux vol. in-folio.

Coutumier de Vermandois contenant les commentaires de Buridan et de La Fons sur les coutumes de *Vermandois, etc.* Les commentaires de Godet et Billecart sur *Châlons,* Buridan sur *Rheims,* et de Vrevin sur *Chaulny.* Paris, 1728. Deux vol. in-folio.

D'ARGENTRÉ. *Commentarii in patrias Britonum leges,* nouvelle édit. Parisiis, 1608, petit in-folio.

DE LALANDE. *Commentaire de la coutume d'Orléans,* 2e édit. Orléans, 1704, deux vol. in-folio.

DES MAREZ (Jean). *Décisions,* à la fin du second volume de la *Coutume de Paris,* édit. Brodeau. Paris, 1669.

DU BREUIL (Jacques). *Le théâtre des Antiquités de Paris,* 1612, in-8°.

DU CANGE. *Glossarium mediae et imfimae latinitatis.* Paris, 1840, in-8°.

DUMÉES. *La jurisprudence du Hainaut françois.* Douay, 1750, in-4°.

DUMOULIN. *Omnia quae extant opera.* Parisiis, cinq vol. in-folio.

DURAND. *Speculum juris.* Francfort, 1612, deux tomes en un vol. in folio.

DURET. *Commentaires aux coustumes du duché de Bourbonnais*, 1584.

ETABLISSEMENTS DE SAINT-LOUIS. Edit. Viollet, Paris, 1881-1886, quatre vol. in-8°.

FABERT (Abraham). *Remarques sur les coustumes générales de Lorraine.* Metz, 1657, un vol. in-folio.

FLEURY (l'abbé). *Droit public composé pour l'éducation du prince.* — Paris, 1769, trois vol. in-12, ouvrage posthume publié avec notes par J.-B. d'Aragon (très rare).

GHEWIET (Georges de). *Institutions du droit belgique.* Bruxelles, deux vol. in-12.

GOSSON. *Commentaires sur la coutume d'Artois*, texte latin et traduction dans Maillart, sous chacun des 26 premiers articles.

Il existe une édition en latin, intitulée : *Nicolaï Gossonis jurisconsulti clarissimi ad consuetudines commentatio.* Anvers, 1582.

GRIMM. J. WEISTHUMER, quatre premiers vol., 1840-1842, les 4 derniers, 1863-1878. Gœttingen, huit vol. in-8°.

GUYOT. *Répertoire universel.* Paris, 1784, dix-sept vol. in-4°.

HENRION DE PANSEY. *Dissertations féodales.* Paris, 1789, deux vol.

LAMOTHE (de). *Coutumes et statuts de la ville de Bergerac.* Bergerac, MDCCLXXVIX *(sic)*.

LANGE. *La nouvelle pratique civile.* Paris, 1712, deux vol. in-4°.

LE GRAND. *Commentaires sur les coutumes du bailliage de Troyes.* Paris, 1681, un vol. in-folio.

LEGRAND. *Les coustumes, lois des villes et des chastellenies du comté de Flandre.* Cambrai, 1719, trois vol. in-folio.

Le livre de jostice et de plet. Edit. Rapetti, 1850, in-4°.

Le livre des droiz et commandemens. Edit. Beautemps-
Beaupré, 1865.

LE ROY DE LOZEMBRUNE. *Commentaire des coutumes de
Boulenois*, voir *Coutumier de Picardie (Nouveau)*.

Lois des bourgs et villages du nord de la France, de 1201 à
1250, E. Tailliar. Caen, 1859, brochure.

LOYSEAU. *Œuvres*. Paris, 1666. Un vol. in-folio.

MAILLART. *Coutumes générales d'Artois* avec des notes.
Paris, 2ᵉ édit., 1739. Un vol. in-folio en deux tomes.

MARTENNE et DURAND. *Collectio veterum scriptorum et
monumentorum amplissima*. Paris, 1724-1733, in-8°.

MASUER. *Practica forensis*. Lyon, 1577. Traduction française : *La pratique de Masuer, ancien jurisconsulte...*
par Antoine Fontanon. Paris, petit in-8°, 1600.

OLIM ou *Registres des arrêts rendus par la cour du Roi*.
Edit. Beugnot, Paris, 1839-48. Trois vol. in-4°. *(Doc.
inéd. sur l'Hist. de France)*.

PATOU. *Commentaire sur les coutumes de la ville de Lille*.
Lille, 1788. Trois vol. in-folio.

PERTZ. *Monumenta Germaniae historica. Leges*, t. IV.
Hanovre, 1835-1870, in-folio.

PESNELLE. *Coutumes de Normandie*. Rouen, 1724, in-4°.

PINAULT DES JAUNAUX. *Coustumes générales de la ville et
duché de Cambray*. Douai, 1691. Un vol. in-4°.

POULLET. *Les juridictions et la propriété foncière au
XVᵉ siècle dans le quartier de Louvain. Mémoires de
l'Acad. royale de Bruxelles*, année 1866.

RAGUEAU. *Glossaire du droit françois*. Paris, 1704. Deux
vol. in-4°.

Recueil d'actes des XIIᵉ et XIIIᵉ siècles en langue romane
et wallonne du Nord de la France. Tailliar, Douai,
1849. Un vol. in-8°.

RENAULDON. *Dictionnaire des Fiefs*, 1765. Deux vol. in-4°.

RICARD. *Commentaires sur les coutumes du Bailliage de Senlis*, à la fin de son *Traité des Donations*. Paris, 1685-1688. Deux vol. in-folio.

ROCHETTE (Jean). *Questions de droict et de pratique*. Paris, 1613.

ROISIN. *Franchises, lois et coutumes de la ville de Lille*. Edit. Brun-Lavainne, Lille, 1842, in-4°.

Sentences du Parloir aux bourgeois, publiées par Leroux de Lincy, dans son *Histoire de l'Hôtel de Ville de Paris*, 1846, in-4°.

VREVIN (Louis). *Commentaire sur la coutume de Chaulny* dans le *Coutumier de Vermandois*. Paris, 1728. Deux vol. in-folio.

BIBLIOGRAPHIE

—

Beaune. *Droit coutumier français. La condition des biens.* Paris, 1886, in-8°.

Britz. *Code de l'ancien droit belgique.* Bruxelles, 1847. Deux vol. in-4°.

Brunner. *Wort und Form in alt-französischen Prozess,* dans *Forschungen zur Geschichte des deutschen und französischen Rechtes.* Stuttgart, 1894.

La traduction française généralement citée, de Hecquet de Roquemont dans la *Revue critique de législation et de jurisprudence,* 2ᵉ série, t. I, pages 22, 158, 230, 470, 536, est très superficielle. En beaucoup d'endroits, elle n'a la valeur que d'un simple compte rendu.

Bouthors. *Les sources du droit rural.* Paris, 1865, in-8°.

Brissaud. *Manuel d'Histoire du droit français.* Paris, 1898-1899. En cours de publication, trois fascicules parus.

Champeaux (E). *Essai sur la vestitura ou saisine.* Thèse de doctorat en droit. Paris, 1898.

Championnière. *De la propriété des eaux courantes.* Paris, 1848, in-8°.

Collinet (Paul). *La saisie privée.* Thèse de doctorat en droit. Paris, 1893.

Defacqz. *Ancien droit Belgique.* Bruxelles, 1873. Deux vol.

Esmein. *Cours élémentaire d'histoire du droit français.* Paris, 1892, in-8°.

Esmein. *Compte rendu ci-dessous du livre de M. Flach,* dans *Nouv. Revue histor. de droit français,* année 1886, page 633.

FLACH. *Les origines de l'ancienne France*. Paris, 1886-93. Deux vol. in-8°.

FERRON. *Etude historique et critique sur la publicité des droits réels immobiliers*. Thèse de doctorat en droit. Bordeaux, 1897.

FOURNIER. *Essai sur l'Histoire du droit d'appel*. Thèse de doctorat en droit. Paris, 1881.

GARSONNET. *Histoire des locations perpétuelles*. Paris, 1879. in-8°.

GIRY. *Les Etablissements de Rouen*. Paris, 1883-85. Deux vol. in-8°.

GLASSON. *Histoire du droit et des institutions de la France*. 1887-96. Sept vol. in-8°. (En cours).

GLASSON. *Histoire du droit et des institutions politiques, civiles et judiciaires de l'Angleterre*. Six vol. in-8°. Paris, 1882.

HANAUER. *Les Constitutions des campagnes au Moyen Age*, 1865.

KLIMRATH. *Travaux sur l'Histoire de France*. Paris, 1843, in-8°.

LEFORT. *La condition de la propriété dans le Nord de la France. Le droit de marché*. Paris, 1892, in-8°.

LEURIDAN. *Histoire de Roubaix*. Roubaix, 1863. Quatre vol. in-8°.

LUCHAIRE. *Manuel des institutions françaises*. Paris, 1892, in-8°.

MERLIN. *Répertoire universel et raisonné de jurisprudence*, 5e édit., Paris, 1827-28. Dix-neuf vol. in-4°.

PARDESSUS. *Des juridictions privées ou patrimoniales sous les deux premières races*. Bibliothèque de l'Ecole des Chartes, t. II, première série.

PARDESSUS. *Organisation judiciaire de Hugues Capet à Louis XII*. Paris, 1851. in-8°.

PELTIER (F.). *Du gage immobilier dans le très ancien droit français.* Thèse de doctorat en droit. Paris, 1893.

PLATON. *Le droit de propriété dans la Société franque.* Paris, 1890.

PROST. *Etude sur le Régime ancien de la propriété.* Paris, 1881.

STOUFF. *Le pouvoir temporel des évêques de Bâle et le régime municipal depuis le XIIIe siècle jusqu'à la Réforme.* Paris, 1891.

STOUFF. *Le Régime colonger de la Haute-Alsace.* Nouv. *Revue histor. de droit français,* Paris, 1893.

TAILLIAR. *Recherches pour servir à l'Histoire de l'Abbaye de Saint-Vaast, jusqu'à la fin du XIIe siècle.* Arras, in-8°, 1859.

TAILLIAR. *Féodalité en Picardie* (Frag^t d'un cartulaire de Philippe-Auguste), in-8°, Amiens, 1868.

TANON. *Histoire des justices des anciennes églises et communautés monastiques de Paris.* Un vol. Paris, 1884, in-8°.

TARDIF. *La procédure civile et criminelle aux XIIIe siècle et XIVe siècle.* Paris, 1885, in-8°.

VIOLLET. *Histoire des institutions politiques et administratives de la France.* Paris, 1898. Deux vol. in-8°. (En cours).

VERON-REVILLE. *Essai sur les anciennes juridictions d'Alsace.* Colmar, 1857.

WARNKŒNIG et STEIN. *Französische Staats- und Rechtsgeschichte,* 3e édit. Bâle, 1875. Trois vol. in-8°.

WAUTERS (A.). *Les libertés communales.* Bruxelles, 1869-78. Deux vol. in-8°.

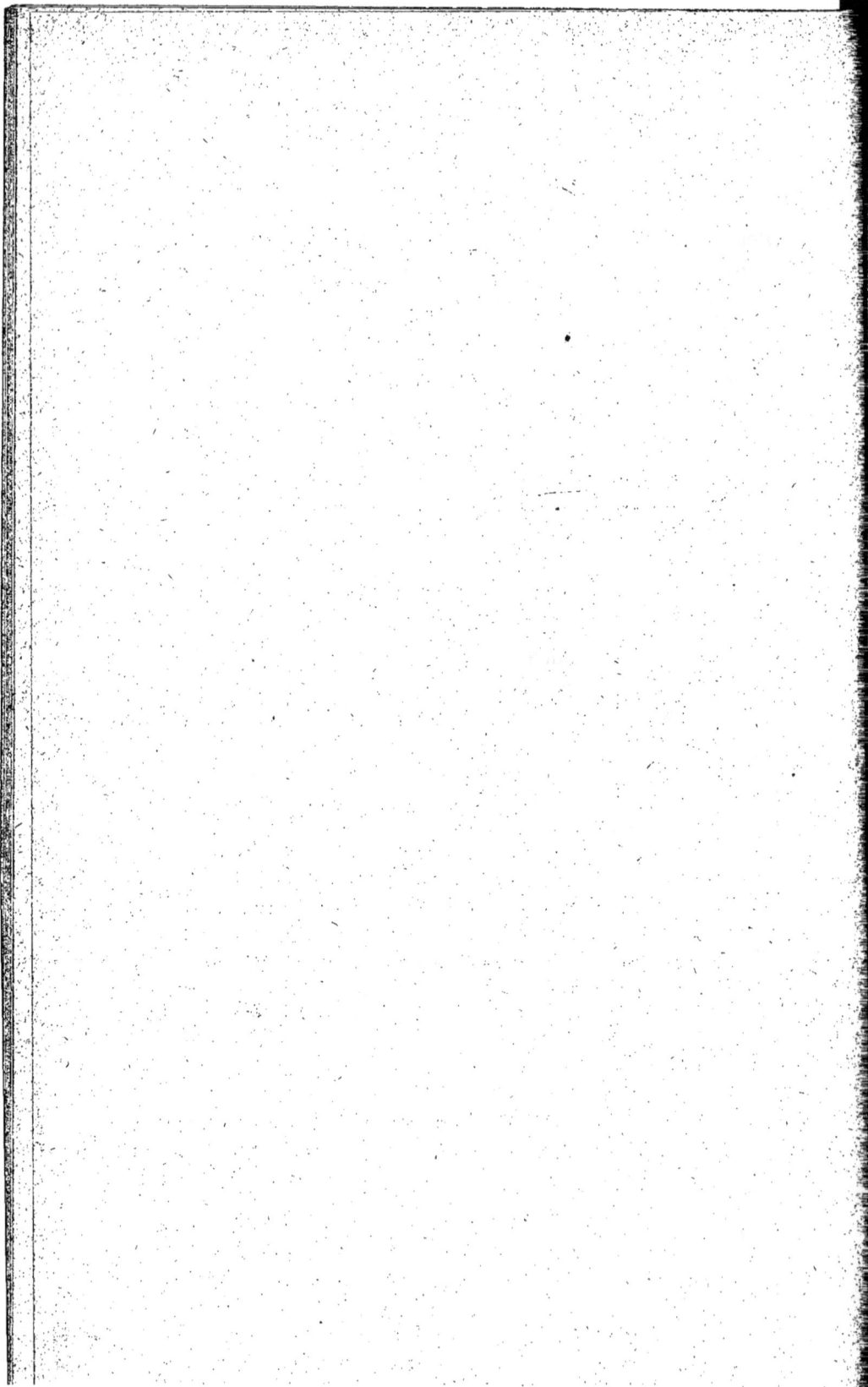

INTRODUCTION

Il est difficile de donner une définition exacte et précise, de ce qu'il faut entendre par justices foncières. Aussi ne nous essayerons-nous pas à trouver cette définition adéquate, qui serait, étant donnée l'institution, forcément erronée ou insuffisante. La complexité de ces justices, leurs variations dans le temps et dans l'espace, ne permettent pas de les fixer dans une formule définitive. Tout au plus, chercherons-nous à dégager dès maintenant, de cette complexité et de ces variations, quelques principes dominants qui seront pour nous autant de fils d'Ariane destinés à nous guider dans une matière où l'on risque fort de se perdre, dès qu'on veut pénétrer dans le détail. Nous nous essayerons donc moins à définir la justice foncière, qu'à la distinguer des autres juridictions de la société féodale [1].

Pour comprendre la portée de cette justice foncière, et en saisir la place exacte dans l'ordre des juridictions

[1] Sur ce qui suit voir FLACH, *Origines de l'Ancienne France*, le Régime seigneurial. — ESMEIN, *Cours élémentaire d'Histoire du droit français*, IIe partie ; La Société féodale, chap. III, pages 251 et suiv. — CHAMPIONNIÈRE, *De la Propriété des eaux courantes*, page 391.

de l'époque féodale, il est nécessaire de se rappeler que celles-ci se distinguent, en justices seigneuriales ou justicières, et en justices féodales.

La justice seigneuriale peut être envisagée comme un démembrement inféodé de la puissance publique devenu, en tant que fief, propriété de certains seigneurs féodaux. Que l'on envisage cette juridiction seigneuriale, comme le résultat d'une concession royale, ou d'une usurpation, elle revêt toujours le même caractère, d'être une juridiction d'ordre public. Les origines de cette juridiction seigneuriale sont multiples, ses distinctions nombreuses[1].

La juridiction féodale, au contraire, est d'origine privée ; elle procède directement du contrat de fief. Elle a deux applications. En premier lieu, elle connaît des actes du vassal pris en cette qualité[2]. Dans

---

[1] C'est à cette juridiction seigneuriale seule que se réfère la distinction des justices en hautes, moyennes et basses. La classification en hautes et basses justices est la plus ancienne (*majores causæ, minores causæ. — Const. de Hispanis profugis prima*, art. 2, année 815, dans Boretius, *Cap. I*, page 262). La justice foncière fut quelquefois considérée comme une quatrième sorte de justice, mais cette dernière distinction remonte à l'époque où la confusion devient complète entre la justice d'ordre seigneurial et la justice d'ordre féodal.

[2] On estime généralement aujourd'hui que la soumission absolue du vassal à la juridiction de son seigneur, suppose le lien féodal dans toute sa force. Le texte cité du *Speculum juris* (*De feudis*, no 17, ESMEIN à son cours, page 252) ne paraît pas avoir la portée générale qu'on lui attribue, puisqu'il suppose l'hypothèse d'un hommage-lige.

un second ordre d'attributions, il lui appartient de statuer dans tous les litiges relatifs aux tenures féodales. Cette juridiction est bien propre à l'association féodale, aussi subira-t-elle le sort du régime qui l'a vue naître. Elle ira en s'affaiblissant à mesure que les liens féodaux se relâcheront, pour disparaître enfin, presque complètement, lorsque la conception d'un pouvoir judiciaire d'origine privée sera devenu un non-sens.

La justice foncière appartient à la justice féodale. Elle embrasse la sphère d'application de la justice féodale propre aux litiges concernant les tenures. Et comme les tenures seront nobles ou roturières, nous aurons une sous-distinction des justices foncières, en justices foncières propres aux fiefs, et en justices foncières propres aux tenures roturières ou censières.

Dans les deux cas, cette juridiction sera toujours d'origine contractuelle. Ce point est important à noter, car il dictera le fonctionnement, et limitera la compétence de ces juridictions. Voici d'ailleurs comment se constituent d'après M. Esmein [1] ces justices foncières : « Toute inféodation faite sur un alleu, toute sous-inféodation faite sur son fief par un vassal à titre de fief ou de censive, doit emporter au début, pour le seigneur de fief ou le seigneur censier, le droit de juger les contestations relatives à la tenure, mais celles-là seulement.

[1] ESMEIN, *N. R. H. D. F.*, 1880, pages 635 et suiv.

Il y a donc lieu de distinguer dans la société féodale deux sortes de tenures : 1º les tenures seigneuriales qui confèrent au concédant une justice foncière ; 2º les tenures qui ne confèrent au concédant aucune prérogative seigneuriale. C'est ainsi que le censitaire concédant une tenure sur sa censive ne pouvait exercer aucune juridiction foncière.

On le voit, tandis que le seigneur foncier (féodal ou censier) n'est juge que des procès relatifs aux tenures qu'il concède, le seigneur justicier exerce son pouvoir de justice sur un territoire plus ou moins grand, suivant l'étendue de sa seigneurie. Sa juridiction domaniale est désignée dans les textes du nom de justice de l'homme « *couchans et levans* ».

Nettement distinguée par ses origines, son champ d'application, la juridiction foncière se caractérise encore par son mode d'exercice. Nous trouvons en effet, dès le début du régime féodal, cette juridiction rendue par la cour des pairs.

En ce qui concerne la justice foncière propre aux fiefs, ce principe est évident. L'organisation des cours foncières d'hommes de fiefs est une conséquence de leurs origines féodales. La concession de fief étant une sorte de contrat d'association, on s'explique qu'à la base même de la juridiction féodale, nous trouvions la justice rendue par les pairs. C'était pour le vassal une garantie efficace que bonne justice lui serait rendue. C'était aussi le souvenir de l'état ancien où le vassal était le compagnon, le fidèle, le pair. Nous trouvons, certes, cette justice par les pairs, chez le seigneur justicier; mais ici, on peut expliquer cette organisation par la loi d'imitation sociale, qui fournit de si nombreuses applications en matière féodale. Cela tient aussi très souvent, à ce que le seigneur justicier était en même temps le seigneur féodal, et se servait pour sa justice justicière de la cour composée de ses vassaux qui lui servaient de juges.

Pour les justices foncières, propres aux censives, le principe du jugement par les pairs, comme principe d'organisation de ces juridictions, ne nous paraît pas moins évident. Il est certain que le vilain, en cette seule qualité, n'a pas droit au jugement de ses co-vilains à moins qu'il ne puisse invoquer une charte de privilèges[1]. Mais, dès qu'une concession de tenure l'unit à son seigneur, sa condition juridique est tout autre. Il n'est plus, désormais, la créature soumise à l'entière discrétion de son seigneur. Un régime nouveau, contractuel, s'est substitué à l'ancien fondé sur le bon plaisir. C'est un privilégié vis-à-vis de ses semblables, et à l'exemple du vassal, il peut invoquer le droit d'être jugé par ses pairs.

Cette opinion n'est pas seulement en harmonie avec les principes de la société féodale, elle se trouve pleinement justifiée par les nombreux textes

[1] PIERRE DE FONTAINE, *Conseil*, XXI; 8, c'est ce que veut dire P. de Fontaine dans ce texte, quand il parle de la « loi commune ».

nous signalant l'existence de juridictions de co-tenanciers dans les régions les plus opposées.

Nous en aurions fini avec les principes dominants des justices foncières, si nous n'avions à présenter une dernière observation. Organisées avec le jugement par les pairs, et comportant les seules attributions relatives aux tenures, telles devaient bien être les justices foncières primitives. Voilà la conception, en quelque sorte théorique, d'une grande simplicité, mais qui, ainsi développée, ne donne qu'une idée approximative de ce qu'étaient en réalité ces juridictions. On les rencontre, en effet, souvent confondues avec les juridictions seigneuriales, et dans l'enchevêtrement des attributions, il est difficile de démêler ce qui a trait au seigneur foncier.

Lorsqu'enfin nous avions cru les trouver dans leur pureté, dès que nous entrions dans le détail, nous étions loin de notre conception théorique. Comme le dit M. Viollet [1], il fallait, ici encore, « ajouter, retrancher, compléter, nuancer, car mille circonstances locales donnent à chaque justice sa physionomie propre ».

Malgré l'obscurité du sujet et les différences d'aspect de ces juridictions, nous n'avons jamais perdu de vue les principes dominants que nous venons d'examiner.

Dans une première partie qui n'est qu'un aperçu

[1] *Histoire des Institutions politiques*, t. II, page 460.

rapide des justices foncières, nous avons distingué trois périodes dans leur histoire, répondant chacune à une conception différente de ces juridictions. Nous avons ensuite cherché à montrer, dans une seconde partie, que ces juridictions ont persisté dans nos coutumes de nantissement, sous la forme de cours d'hommes de fiefs, d'hommes cottiers [1] et même de cours échevinales.

Il nous a paru intéressant d'insister, tout particulièrement, sur l'échevinage rural, envisagé en tant que cour foncière. Cette conception nouvelle de l'échevinage peut paraître quelque peu risquée. Nous ne l'avons exposée d'ailleurs, qu'après nous être assurés par l'étude des textes qu'elle correspondait réellement pour les biens dits d'échevinages aux cours censières des tenures en censives.

[1] Le mot *cotterie*, d'après Ragueau, désigne un héritage censuel redevable de rentes. Les coutumes identifient en effet la tenure en *cotterie* et la tenure en censive. Pour Tailliar, le mot *cottier* viendrait du tudesque *cot* ou *cottage*, qui signifie chaumière. Les héritages cottiers seraient donc les exploitations agrestes, les maisons couvertes de chaumes. (Tailliar, *Recueil d'Actes*, page CCL.)

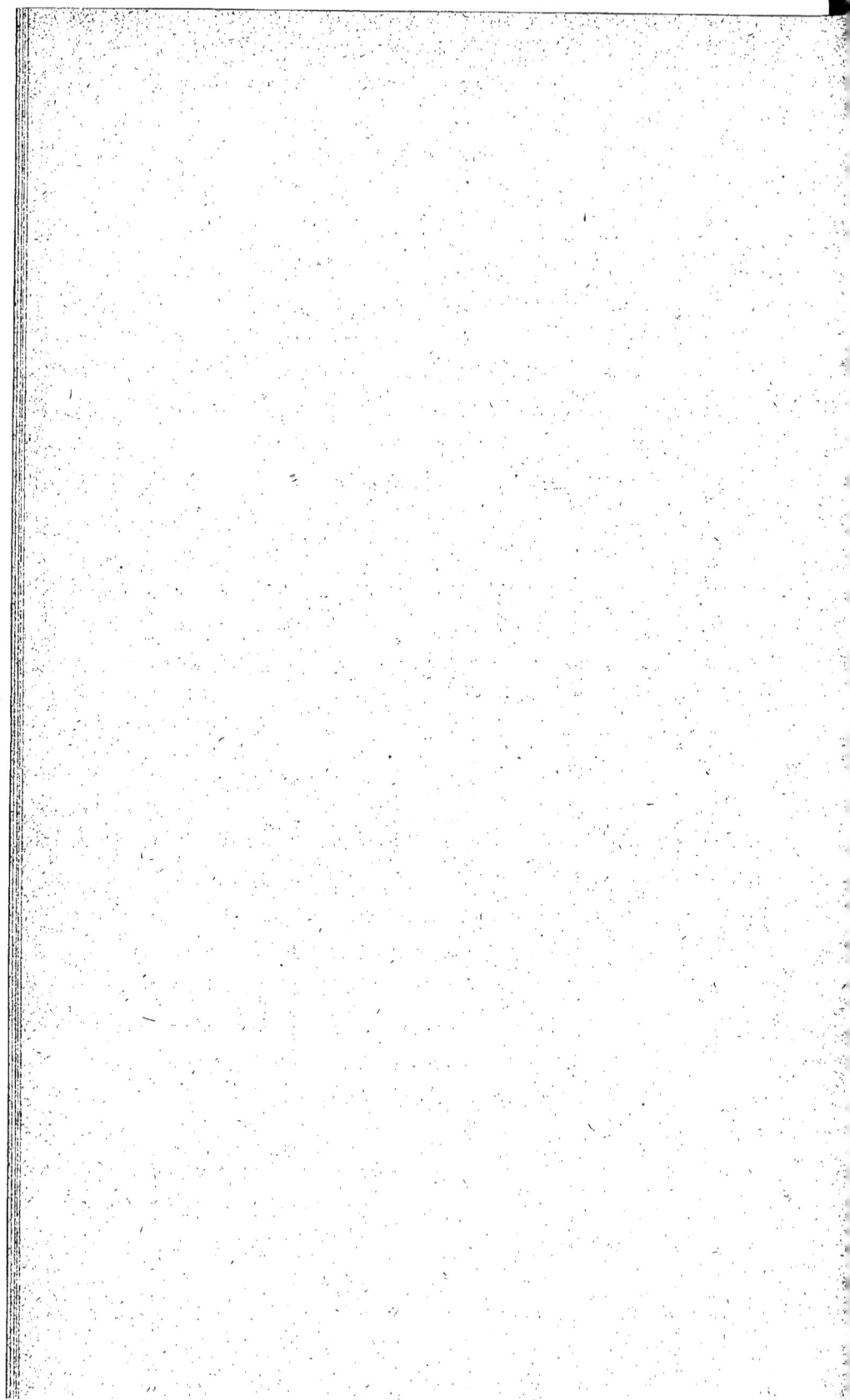

PREMIÈRE PARTIE

Aperçu général sur les Justices Foncières

LIVRE PREMIER

PREMIÈRE PÉRIODE

Des origines de la Féodalité à la fin du XIVᵉ siècle.

CHAPITRE PREMIER

CARACTÈRES GÉNÉRAUX DES JURIDICTIONS FONCIÈRES.

Les idées générales que nous venons d'exposer très succinctement, trouvent leur application normale et intégrale, dans la première période des juridictions foncières.

Exposer en effet, l'état de ces justices, dans cette période qui s'étend des origines mêmes de la Féodalité au XIVᵉ siècle, c'est par là même, développer les principes dominants que nous avons résumés.

Il nous a paru plus commode au point de vue du plan, et plus en rapport avec notre projet d'esquisse sommaire de ces juridictions foncières, de grouper, pour cette première période, tous les points de vue principaux de notre étude autour des deux données suivantes : 1º la justice foncière, qu'elle s'applique aux fiefs ou aux censives, est d'origine contractuelle ; 2º elle est, dans l'une ou l'autre hypothèse, de nature féodale ou censière.

La première donnée nous permet de soulever un coin du voile qui cache les origines de ces justices, sans résoudre, toutefois, tous les problèmes que soulève cette question délicate. Le développement de la seconde donnée nous montrera cette juridiction foncière invariablement attachée au seigneur féodal où censier. C'est ainsi que tous ceux qui pourront revendiquer cette qualité (Eglises, collectivités religieuses, ecclésiastiques, villes même), l'exerceront sur les tenures qu'ils auront concédées.

L'importance de ce principe est telle qu'il dicte, du moins pour la première période, l'organisation, la compétence, et la procédure de ces juridictions foncières.

Section I. — Origines contractuelles.

L'origine contractuelle de ces juridictions n'est plus sérieusement contestée, pour ceux qui voient, dans les deux principaux modes de tenures du régime féodal, le résultat d'un contrat d'association[1], ou d'un contrat économique d'exploitation.

§ 1. — *Justice foncière des fiefs*. — Pour les justices foncières des fiefs, ce point semble admis généralement. S'il est encore discuté pour les justices censières, il paraît évident que le désaccord provient bien plus d'un malentendu que de vues divergentes.

La juridiction foncière propre aux fiefs prend donc son origine directement dans le contrat de concession de fief. Elle est donc fondée sur le régime de l'association. Son mode d'exercice (justice par les pairs, co-vassaux) suffit à révéler cette origine.

La garantie précieuse du jugement par les pairs, donnait aux hommes de fiefs l'assurance que bonne justice leur serait rendue, dans tous les litiges nés à l'occasion de leurs tenures.

Nous voyons apparaître le caractère contractuel de cette origine, dans les documents les plus anciens de la Féodalité constituée. Les chartes d'inféodation du ixe au xie siècle mettent en pleine lumière ce caractère contractuel[2].

C'est cette juridiction foncière propre aux fiefs,

---

[1] Voir pour la formation du contrat féodal : ESMEIN, *Étude sur les contrats*, pages 104 et suiv.

[2] On peut voir également ce caractère contractuel nettement précisé dans les textes suivants : *Livre de Joslice et de Plet*, livre XIX, titre 26, §2. *Ancien coutumier d'Artois*, titre II, page 12. BOUTILLIER, *Somme rural I*, titre 84. *Grand coutumier de Normandie*, chap. 29 et 53.

que visent les cartulaires cités par M. Flach[1] pour combattre la vieille maxime des feudistes : « Fief et justice n'ont rien de commun. » Le savant auteur, méconnaissant cette juridiction foncière, donne une portée beaucoup trop générale à la juridiction attachée au seigneur concédant un fief. Pour M. Flach la justice devait anciennement accompagner en principe l'alleu et le fief; la vieille maxime citée plus haut, et que les anciens feudistes prétendaient faire remonter aux origines mêmes de la Féodalité, n'aurait été formulée par eux que : « pour défendre et étendre les droits des seigneurs justiciers ou du roi contre les possesseurs de fiefs, comme ils se sont efforcés de le faire pour les possesseurs d'alleux ».

M. Flach s'est donné beaucoup de mal pour attaquer un principe qui remonte aux *Établissements de Saint-Louis* et que quelques textes sujets à interprétation ne peuvent écarter aussi facilement.

Cette thèse hardie et ingénieuse a été combattue par M. Esmein[2]. Pour ce dernier auteur, les cartulaires cités à l'appui de la thèse de M. Flach ne peuvent avoir l'importance générale qu'on leur prête. Après avoir démontré que ces chartes peuvent être interprétées comme n'exprimant que les droits de

---

[1] Sur ce qui suit voir FLACH, *Origines de l'Ancienne France*, t. I, Le Régime seigneurial.

[2] *N. R. H. D. F.*, année 1886, Comptes rendus bibliog., p. 633, article d'ESMEIN, sur le livre *des Institutions juridiques* de FLACH.

possesseurs déterminés d'alleux ou de fiefs, M. Esmein ajoute : « Dans une certaine mesure, le droit de
justice dut appartenir anciennement aux possesseurs
de fiefs, comme aux possesseurs d'alleux, en vertu
d'un principe général, je veux parler de ce que nos
anciens auteurs appelaient la justice foncière. » Nous
sommes d'accord avec M. Flach pour voir dans les
juridictions citées dans les cartulaires des justices
foncières [1]. Toutefois, nous ferons remarquer que ces
juridictions foncières n'appartiennent pas précisément aux possesseurs de fiefs, mais à ceux qui ont
concédé ces tenures nobles. C'est sans doute ce que
veut dire M. Esmein lorsqu'il ajoute : « Toute sous-
inféodation faite sur son fief par un vassal dut emporter au début pour le seigneur de fief ou seigneur
foncier le droit de juger des contestations relatives à
la tenure, mais celles-là seulement. »

Le caractère contractuel de la justice foncière
remonte donc aux origines mêmes du régime féodal.

§ 2. — *Caractères contractuels de la justice censière.
Opinions contraires.* — La juridiction censuelle est,
elle aussi, d'origine contractuelle. On a essayé de le
contester. Championnière [2] a cherché à démontrer
que le seigneur censier n'était pas un seigneur d'ori-

---

[1] Voir notamment les cartulaires de Notre-Dame de Paris,
cités par Flach I, p. 282, et de Saint-Etienne de Vaux, cité p. 280.

[2] CHAMPIONNIÈRE, *Traité de la Propriété des eaux courantes*,
pages 306 et suiv., et page 114.

gine féodale, mais bien le *judex censuarius* ou *censualis* de la législation romaine, dont les droits sont res-treints à l'exercice de l'impôt foncier : « Cette dé-monstration, dit l'auteur, comporte et suppose néces-sairement l'existence d'une justice censuelle ayant pour objet unique le recouvrement du cens justicier. » Championnière se flatte d'avoir sur ce point la même opinion que Cujas, qui s'était proposé d'aborder un jour la matière des droits seigneuriaux et d'en démontrer l'origine romaine.

On invoque encore en faveur de cette opinion la Novelle 80, cap. 2 et 3, qui fait mention de proprié-taires choisis comme juges de leurs colons par l'empereur *(agricolarum domus qui a nobis sunt judices statuti)*.

Mais tout ce système ne repose que sur la concep-tion erronée de l'origine romaine de la censive. L'abbé Dubos, dans son *Etablissement de la monar-chie françoise*, avait déjà essayé de démontrer l'identité du cens romain et du cens féodal. Montes-quieu, dans son *Esprit des Lois* [1], n'avait pas eu de peine à réfuter ce système.

Il semble aujourd'hui établi, que la censive doit être considérée comme contractuelle. Dès le XVIIe siècle, c'était l'opinion à peu près unanime. Lafon, Buridan, Argou, voient dans la censive le contrat de bail à cens. Montesquieu lui reconnaît une autre ori-

---

[1] MONTESQUIEU, livre 33, ch. 14.

gine[1] : « Ce qu'on appeloit cens dans la monarchie
françoise, indépendamment de l'abus que l'on a fait de
ce mot, étoit un droit particulier levé sur les serfs par
les maîtres. » Loyseau, fidèle à la façon dont il inter-
prète habituellement les origines, voit dans la censive le résultat de l'usurpation des seigneurs, et Laurière adopte également cette explication facile.

De nos jours, l'origine féodale de la censive est
admise par la majorité des auteurs, qu'on y voie
avec Guérard la *terra censilis* du Polyptique d'Ir-
minon[2], avec Pepin Lehalleur[3] une conséquence
du jeu de fiefs, avec Garsonnet[4] et Esmein[5] une
sorte de fief roturier, ou avec Beaune[6] enfin, la précaire à l'époque franque.

On donne aussi une autre origine à la juridiction
censuelle. A l'époque franque, quand il fut nécessaire de recourir à la protection de plus puissants,
un grand nombre d'hommes libres devinrent tenanciers[7]. Mais comme la juridiction populaire (le
Volksrecht) existait encore, que le *mâll* se réunissait

---

[1] MONTESQUIEU, *op. cit.*, chap. 15, livre 33.

[2] *Prolégomènes*, I, § 154.

[3] *Histoire de l'Emphytéose*, page 247.

[4] GARSONNET, *Hist. des locations perpétuelles*, pages 260 et
406.

[5] ESMEIN, *Cours*, page 211.

[6] BEAUNE, *op. cit.*, pages 250 et suiv.

[7] Sur ces points, voir outre CHAMPIONNIÈRE et BEAUNE, la
thèse de CHAMPEAUX, *Essai sur la Vestitura*, Paris, 1898 ; et
PLATON, *Le droit de propriété dans la société franque*.

aux époques fixées, ces hommes libres conservèrent leur juridiction spéciale [1]. Cette juridiction était fondée sur le principe du jugement par les pairs. Désormais le propriétaire franc fut investi à l'égard des colons de son domaine d'un droit de justice très étendu, à la fois civil et criminel. On trouve des traces de ce droit de juridiction en France dans de nombreux capitulaires [2], en Angleterre dans les lois d'Édouard le Confesseur et, pour la Lombardie, dans celles que lui donna Charlemagne.

De même, Beaune [3] y voit : « Une juridiction patrimoniale s'exerçant par le propriétaire en personne ou par son délégué, mais en présence et avec le concours de ses hommes, qui rendaient le jugement, qui le délibéraient du moins, sous la présidence du senior, en appliquant la loi personnelle à chaque partie. » De cet ancien usage, le tenancier aurait conservé le privilège de n'être jugé que par ses pairs.

[1] CHAMPEAUX, *op. cit.*, pages 126 et 127.

[2] Sur cette juridiction du propriétaire franc sur ses colons, voir les capitulaires de 803 et 829, PERTZ, *Leges*, t. I, pages 111 et 352. — Capit. de 855, cap. I, PERTZ, *Leges*, I, 434. — Capit. de 856, cap. I, PERTZ, *Leges*, I, 437. — Edit de Pistes de 869, cap. 2, PERTZ, *Leges*, I, 5-11. — On peut consulter sur ce sujet une communication de PARDESSUS, intitulée : *Des juridictions privées ou patrimoniales sous les deux premières races*, *Bibliothèque de l'Ecole des Chartes*, t. II, 1re série, et GLASSON, *Histoire du Droit et des Institutions*, t. III, pages 383 et suivantes.

[3] BEAUNE, *op. cit.*, page 280.

C'est cette juridiction qui se serait perpétuée dans certaines régions, principalement du Nord. Les cartulaires[1] cités par M. Flach pour établir la justice censuelle ne trouvent même pas grâce près des auteurs qui soutiennent cette doctrine. Ces textes qui, pour nous, établissent l'ancienne juridiction foncière censière, se rapporteraient dans cette opinion aux survivances locales de l'ancienne juridiction franque. Et l'on trouverait encore des vestiges de cette justice colonaire dans le droit allemand, où la justice était exercée sur les colons dans la cour dominicale par le bailleur à emphytéose[2].

Il est certain que chaque institution a des racines profondes dans le passé, et que la juridiction censuelle n'échappe pas à la loi commune. Cette juridiction a donc certainement une filiation historique, qui remonte bien avant la période féodale. Comme le dit Beaune,[3] à propos des justices : « Les origines de quelques-unes des institutions du Moyen-Age sont plus ténébreuses que ne l'ont été celles du Nil. Il

[1] Voir principalement Cartulaire de Marchiennes, Ms. f° 150 (XIIe siècle), cité par FLACH, *Origines*, page 280.

[2] Voir CHAMPIONNIÈRE, *op. cit.*, page 411, note 2, et le passage de Jacques Rhem cité à l'appui de cette opinion ainsi conçu : « Quemadmodum dominus feudi jus habet in personam vassali et jurisdictionem restrictam ad causas feudales, sic etiam dominus curiæ dominicalis jus habet et jurisdictionem in personam emphyteutarum, restrictam tamen ad causas emphyteuticas. »

[3] BEAUNE, *op. cit.*, page 223.

ROGIER 2

est impossible de s'arrêter à une date précise et de dire : « On ne peut remonter plus haut. » Si loin qu'on aille, il y a toujours quelque chose au-delà. »

Cela est également vrai pour la juridiction censière. Pour la période féodale, comme le bail à cens s'analyse en une opération contractuelle, la justice qui en découle se trouve être une juridiction contractuelle. Et l'on retrouve encore au XIVe siècle ces caractères contractuels, dans le Bordelais[1] par exemple, où les concessions de censives obligent le censitaire à comparaître devant la justice du bailleur. Il en est de même dans les baux de mainfermes du Nord[2] où le tenancier conserva jusqu'à la fin de l'ancien régime, le droit d'être traduit devant ses pairs, c'est-à-dire devant d'autres tenanciers.

Quant à la juridiction de la cour dominicale en Allemagne, dans laquelle on a voulu voir une survivance de l'ancienne juridiction colonaire, il suffit de lire le passage du jurisconsulte allemand Jacques Rhem, invoqué à l'appui de cette opinion, pour se rendre compte qu'il ne veut pas dire ce qu'on prétend en tirer. Loin de rapprocher pour les opposer

---

[1] Voir dans *N. R. H. D. F.*, 1896, pages 532 et suiv., une charte du 27 mars 1315, où Gautier Etrangle Fromage déclare tenir de master R. Judeu une vigne et promettre de payer un cens, en s'obligeant à comparaître devant la justice du bailleur.

[2] Voir DU CANGE, vo Mainferma; MERLIN, *Répertoire*, vo Mainferma; LAURIÈRE, même mot; GARSONNET, *Hist. des locat. perpétuelles*, page 410.

les juridictions féodales et censières, ce jurisconsulte cherche à montrer que, dans leurs domaines respectifs, ces juridictions sont parallèles, l'une s'appliquant aux fiefs, l'autre aux censives.

Section II. — Nature féodale ou censuelle.

§ 1. — *Cette juridiction s'exerce à l'occasion des seules tenures féodales ou censières.* — Il peut paraître presque inutile d'ajouter que la juridiction foncière est de nature féodale ou censière, puisque l'origine contractuelle démontre que cette justice foncière, dans sa double manifestation, appartient à un seigneur de fief ou à un seigneur censier. Mais ce n'est pas à ce point de vue, que nous disons qu'elle est de nature féodale ou censière. Nous entendons dire par là, qu'elle ne s'exerce que sur les seules tenures féodales et appartient, par conséquent, au seul seigneur féodal ou censier.

En d'autres termes, il n'y a pas de justice foncière quand le concédant de la tenure (fief ou censive) n'est pas en situation d'avoir, sur le concessionnaire de cette tenure, un droit éminent de suzeraineté et de seigneurie. Le suzerain a la justice foncière à l'égard de son vassal ; le seigneur censier l'a aussi à l'égard de son tenancier. Il en est ainsi dans tous ces cas, parce que le concédant a une *supériorité* sur le concessionnaire.

Ces idées sont mises en lumière d'une façon très

nette, dans un texte du *Grand Coutumier de Norman-dié*[1] : « Sciendum est quod nullus tenens feodum suum per vile servitium potest habere curiam super tenentes de eodem, bordarii (scilicet) et servientes ad saccum et sommam et alii qui vilia debent servitia. »

Toute concession où ne se rencontre pas, au profit du concédant, le droit éminent signalé plus haut, ne peut engendrer la justice sur le concessionnaire. En vertu de cette même idée, l'art. 43 de la Coutume de Bretagne porte que : « le seigneur n'a aucune justice sur son métayer..... s'il n'a autre seigneurie et juridiction ».

Cette justice foncière du seigneur de fief ou censier s'exerce quelquefois d'une façon curieuse ; c'est ainsi qu'en Normandie le chef parageur a sur ses frères puînés, pour les cens et rentes, des droits de justice qui sont, en somme, une véritable juridiction foncière : « Potest autem antenatus in postnatos justitiam exercere pro reddibitis et faisantiis ad dominos feodi pertinentibus[2]. »

Tandis que le seigneur censier exerce sur sa tenure la justice foncière, le censitaire, qui constitue sur son domaine utile un sous-accensement, ne peut, sur la tenure ainsi concédée, exercer une juridiction ana-

---

[1] *Grand Coutumier de Normandie*, ch. LIII, page 136. Edit. Tardif. Voir *Ibid.*, chap. XXIX : « Nullus autem potest justitiam facere super feodum aliquod nisi tenctur de eodem. »

[2] *Summa de legibus*, ch. XXVIII 2. Edit. Tardif, page 97.

logue à celle qu'exerce son seigneur sur la tenure qu'il possède.

§ 2. — *Tout seigneur concédant un fief ou une censive exerce la justice foncière.* — La justice foncière ne s'exerçant que sur les tenures féodales, appartiendra à tous ceux qui pourront être considérés comme seigneurs féodaux ou censiers. Le noble qui possèdera une censive (héritage vilain) se comportera sur sa tenure comme s'il était roturier. « Mais qu'il facent des vilenages ce qu'il doivent, ainsi comme se gens de poeste les tenoient » [1].

C'est ainsi que la justice foncière appartiendra aux communautés religieuses (abbayes, chapitres d'Eglise, ordres, etc.) et aux ecclésiastiques, considérés comme seigneurs temporels, qui l'exerceront sur leurs tenures féodales. Cela est si vrai que les évêques, chapitres, en tant qu'ils exerceront cette justice foncière, relèveront de leur seigneur féodal et non de l'Eglise [2].

Cette justice foncière, au profit de communautés religieuses, est visée dans de nombreux documents. Au xiiie siècle, alors que la royauté cherchait à restreindre l'étendue des justices ecclésiastiques à Paris [3], tous les accords intervenus entre le Roi et

---

[1] BEAUMANOIR, XLVIII, 7.

[2] *Ibid.*, XI, 12.

[3] Voir BRODEAU, *Cout. de Paris*, page 557. — Voir aussi un arrêt de 1318 rapporté aux *Olim*, t. III, 2e partie, p. 1293,

les communautés pour limiter leurs juridictions
conservèrent à ces dernières sur leurs tenures la
juridiction foncière. Dans un accord de ce genre
passé en 1273 entre le roi Philippe le Hardi et les
chanoines et chapitre de Saint-Médéric[1] (Eglise
Saint-Merri), les religieux abandonnaient la haute
justice dans toute l'étendue de leur seigneurie, moyennant indemnité, et conservaient la justice foncière
sur leurs tenures. Un autre accord du même roi et
des religieux de l'abbaye de Saint-Germain-des-Prés[2],
limita la juridiction seigneuriale de ces derniers,
mais leur conserva la justice foncière sur leurs
tenures. « Salva tamen et retenta inibi dictis religiosis
justitia fundi terræ. »

§ 3. — *Justice foncière des villes.* — Les communes
mêmes pourront exercer cette juridiction foncière.
Mais, cette juridiction foncière n'est pas accordée
nécessairement par la charte qui leur confère l'autonomie politique et le droit de justice.

Les chartes accordées aux villes se distinguent, à
cet égard, en deux catégories :

LXX, où il est parlé de justice foncière à propos d'une contestation entre deux communautés.

[1] Document reproduit par FÉLIBIEN, *Histoire de Paris*,
(Pièces justificatives). Il figure également dans le *Livre des
Mestiers du Châtelet* (collection de la Préfecture de Police,
f⁰ 461), cité dans TANON, *Histoire des Justices des Eglises de
Paris*, page 297.

[2] Charte reproduite dans *Théâtre des Antiquités de Paris*,
de Jacques DU BREUIL, 1612, pages 320 et suiv.

A. Dans la première catégorie de chartes, les seigneurs se réservèrent la justice féodale, pour les tenures qui relevaient d'eux. Les bourgeois qui, d'une façon générale, étaient soustraits par les chartes à la juridiction seigneuriale, y restaient soumis pour leurs tenures. C'est ainsi que la charte de Villeneuve-le-Roi [1] concédée en 1175 par Louis VII, réservait expressément à la justice du seigneur foncier la connaissance des tenures censières, art. 3 : « Si de censu suo foris fecerint homines nostri Ville Nove militibus vel de venditionibus, in curia militum se super hoc justiciabunt. » Dans les établissements de Rouen [2], autre exemple : « Si quis requisierit curiam suam de terra concedetur ei. »

La charte de l'établissement de la commune d'Amiens [3] de 1209 est même très explicite : art. 19 (texte français) : « Il est establi que la commune ne se doit entremettre des fiefs ne des terres as seigneurs. » Les anciens usages d'Amiens rappellent cette clause de la charte, mais ajoutent que les échevins connaissent des autres tenures, art. 19 [4] : « Li

---

[1] *Ordonnances*, tome XI, 227. Citée par Esmein à son cours, page 297.

[2] *Établissements de Rouen* (Giry, t. II), art. 24.

[3] *Charte de l'établissement de la commune d'Amiens de 1209.* Bouthors, *Cout. loc.*, I, 67, n° 19. Texte latin, *Ibid.* 66, n° 19 : « Statutum est enim quod communia de terris sive feodis dominorum non debet se intromittere. »

[4] *Anciens usages d'Amiens*, page 134, de *Ancien Coutumier de Picardie*. Édit. Marnier.

maires et li esquevin on le connissanche et le jugement de tous débas d'yretages et de possessions de
la chité et vile, excepté che qui est tenu de fief de
quoy li jugemenz et le connissanche n'en appartient
point à aus. »

B. Dans la seconde catégorie de chartes, nous
voyons des exemples de villes qui obtiennent, avec
leur autonomie, la juridiction des tenures féodales.
La commune de Bordeaux [1], nous offre le cas d'une
ville où la justice foncière fut accordée tout entière
aux maires et jurats. En 1314, à la suite d'une trans-
action entre la commune de Bordeaux et les officiers
du roi d'Angleterre pour le règlement de la justice,
les représentants de la commune de Bordeaux ob-
tinrent la connaissance de tous les procès, même de
ceux concernant les tenures féodales « salva domino
regi et duci cognitione reali et feudali fundi ab eo im-
mediate moventis et etiam cuilibet domino speciali ».

Dans ces cas, où la justice foncière échappe aux
seigneurs féodaux, la municipalité chargée de statuer
en leur lieu et place, ne devient pas pour cela une
« cour foncière », même lorsque le seigneur n'a que
ce moyen pour exercer ses droits de seigneur foncier[2].

Cette juridiction du corps municipal sur les tenu-

---

[1] Voir sur ce point Archives municipales de Bordeaux,
Le livre des Coutumes, page 450.

[2] C'est un point mis en évidence par Klimrath dans *Études
sur les Coutumes*, parues dans *Travaux sur l'Hist. du Dr.
français*, tome II, page 229.

res féodales ou censières, situées dans son enceinte, est générale dans les échevinages des grandes villes du Nord. Mais il faut remarquer que le point de départ de cette justice foncière municipale se retrouve dans les échevinages ruraux, qui ont gardé le caractère seigneurial, commun au début à toutes les juridictions d'échevinage.

La désaisine-saisine ou investiture solennelle, pratiquée devant la plupart des échevinages des villes pour les terres situées dans l'intérieur de la cité, le retrait pratiqué devant les échevins, et toutes les attributions de justice foncière dont nous voyons investi généralement le corps des échevins de la plupart des villes, ne prouvent qu'une chose : l'autonomie de ces cités. Et ceci est encore vrai dans les endroits où le collège des échevins se divise en deux groupes, dont l'un exerce plus spécialement les attributions judiciaires. C'est ce qui a lieu surtout pour les villes de Flandre, du Hainaut et du Brabant [1]. Dans certaines villes, à Metz par exemple, le collège des échevins semble être plutôt un corps judiciaire qu'un corps administratif, du moins à une époque ancienne. Les textes du xiiie siècle cités par Prost [2], nous montrent la procédure des vestures formée d'une réunion d'actes authentiques, dont l'effet est la *mise en tenour* ou en possession d'un héritage, accomplie dans la cité par un maire assisté

[1] Voir WAUTERS, *Les libertés communales*, page 604.
[2] PROST, *Etude sur le régime ancien de la propriété.*

d'un échevin. Toute la procédure se déroule en plaid : « in placito bannali (et legali) per villicum et scabinum », comme on le voit dans un titre de 1202 : « per eos ad quos investitura pertinebat ministros », comme il est dit dans un autre titre de 1214[1]. La prise de ban, qui est la déclaration authentique de la *mise en tenour*, est également effectuée par l'autorité du maire. Mais, ni dans la vesture, ni dans la prise de ban, le maire et les échevins n'apparaissent comme de véritables juges fonciers.

Ce sont pourtant des juges dont la mission se borne à constater la transmission de la propriété par un acte de l'autorité publique ayant un caractère authentique. Ce qui le prouve[2], c'est qu'à Metz ces pratiques solennelles tombent en désuétude, et les actes symboliques disparaissant, la vesture est réduite à une simple déclaration des parties devant témoins, ou à celle de l'officier public consacrée par une mention dans un instrument écrit.

Mais s'il est impossible de considérer comme cours foncières les corps d'échevins exerçant des fonctions généralement accomplies par les juges fonciers, lorsqu'il s'agit des tenures sises dans la cité ou sa banlieue, il faudra leur reconnaître cette qualité lorsque le collège d'échevins exercera la juridiction foncière au nom de la ville, sur les tenures qui auront

[1] Voir *Ibid.*, page 23. — Sur ce point voir également *Ordonnances des Mayours de Metz*, N. R. H., 1878, pages 189 et suiv.
[2] Voir PROST, *Étude sur le régime de la propriété*, page 20.

été concédées par la cité elle-même. Le jeu normal des principes féodaux autorise cette conclusion.

C'est à ce cas particulier que doit se rapporter un texte de Beaumanoir[1] : « Çascuns doit deffendre son héritage par devant le segneur de qui il muet. Tout avons noz dit que çascunne personne de commune singulèrement se pot acroistre en héritages vilains, se le communetés se voloit acroistre, il ne li seroit pas soufert ; *car malvesement porroit justicier uns petit sires l'eritage dont le propriété seroit à une commune.»*

Dans le cas où la ville fera des concessions de tenures, il faudra considérer la cité comme le centre d'une seigneurie capable de concéder des fiefs ou des censives dont elle gardera le domaine éminent. Les magistrats municipaux devront être considérés comme les organes judiciaires de la ville. Ce ne seront pas toujours des jurats, ou des échevins constitués en corps municipal, mais aussi les membres d'une corporation, quand cette corporation constituera précisément toute la municipalité. C'est ainsi que pour Paris, nous voyons dans le *Livre des Sentences du parloir aux bourgeois*[2] que Philippe-Auguste accorda en 1220, aux marchands de l'eau, la basse justice et la justice foncière, moyennant une redevance annuelle.

[1] BEAUMANOIR, ch. L, *Des bones viles*, nos 15-16.
[2] Voir : *Le Livre des Sentences du parloir aux bourgeois,* publié par LEROUX DE LINCY dans *Histoire de l'Hôtel de Ville de Paris,* page 117.

CHAPITRE II

Organisation des cours foncières (Iʳᵉ Période)

Section I

§ 1. — *Principe général pour les cours foncières féodales : justice rendue par les pairs.* — L'organisation primitive des cours foncières, surtout en ce qui concerne les cours pour les fiefs, ne se distingue pas de celle des autres cours féodales. Le principe qui se trouve à la base de ces juridictions : justice rendue par les hommes de fiefs, tient à la nature féodale de cette institution.

La cour foncière est présidée par le seigneur, ou par un de ses officiers en son lieu et place, le plus souvent un bailli. Elle comprend les vassaux ou hommes de fiefs du seigneur, au nombre de trois ou quatre au moins. Du reste, la composition de cette cour est très variable[1]. Elle n'a ni sièges fixes, ni assises périodiques. Le seigneur est obligé de rendre cette justice, sous peine de perdre ses vassaux.

Le jugement par les pairs, qui offre aux plaideurs des garanties contre l'arbitraire du seigneur ou de

---

[1] Pour les moyens dont dispose le seigneur qui veut accroître sa cour, voir plus loin dans *Organisation des cours foncières du Nord*.

ses officiers, a surtout sa raison d'être dans cette juridiction d'origine contractuelle. Les expressions qui désignent les juges en font foi suffisamment, ce sont celles, par exemple, de : fidèles, pares, pairs [1], hommes de fiefs, vassaux en pairie. Et qui sont ces pairs, sinon ceux qui tiennent leurs tenures du même seigneur? « Les pairs, dit Ragueau, sont les vassaux du seigneur féodal, tenant de lui fiefs de pareille nature et condition. »

Si la justice foncière appartient à tout seigneur concédant un fief, il faut aussi ajouter que c'est un droit pour le vassal poursuivi en raison de sa tenure, de réclamer le jugement par les pairs.

Dans le livre des *Droiz et Commandemens*, le baron, appelé à cause de son héritage, peut se refuser à être jugé par d'autres juges que ses pairs ; et ceux-ci doivent être au moins au nombre de trois, sinon, il n'est pas tenu de répondre. « Si un ber est appellé d'aucune chose qui appartienge à son héritage en la court le roy, et le ber dis je : « Je vueil jugé de ceste chose si par mes perz non, » l'on doit des barons à tous le moins semondre troys et puis la justice doit faire droit ou eulx ou autres barons. » [2]

§ 2. — *Le principe tend à disparaître dès le XIIIe siècle.* — Le principe d'organisation des cours foncières,

[1] Voir DUCANGE, v° Par.
[2] *Livre des Droiz et Commandemens*. Edit. Beautemps-Beaupré, tome II, n° 448, page 54.

en matière de fiefs, *justice par hommes*, disparut de bonne heure, comme le remarque Beaumanoir. Il en fut d'ailleurs de même dans les cours
seigneuriales. Déjà, à la fin du xiii⁰ siècle, les pairs
n'assistaient plus aux plaids[1], parce que ce service
leur causait une perte de temps énorme, et surtout
parce que, s'abstenant de siéger, ils évitaient de payer
les amendes considérables, mises à la charge de
tout juge dont le jugement était infirmé.

Il faut ajouter à ces raisons de Beaumanoir, que
l'introduction du droit romain, en transformant la
science du droit, nécessita l'intervention fréquente
des légistes qui prirent peu à peu la place des vassaux. Les hommes de fiefs « ayant, dit M. Brissaud,
le sentiment de leur incapacité devant ce droit savant,
trouvant pénible le devoir de justice, se retirent, et
sont remplacés par des jurisconsultes de profession ;
le seigneur lui-même se fait remplacer par son bailli
ou sénéchal, et celui-ci par un lieutenant. Dès le
xv⁰ siècle, ce dernier est le juge ordinaire[2]. La jurisprudence alla plus loin et interdit même aux barons
de siéger eux-mêmes... »

L'obligation du service de plaid fut remplacée
désormais par une redevance qui reçut le même

---

[1] Voir PARDESSUS, *Essai hist. sur l'organisation judiciaire*,
pages 302 et suiv., et BEAUMANOIR, chap. I et II.
[2] BRISSAUD, *Manuel d'Histoire du Droit français*, page 670,
Paris, 1899.

nom que le service dont elle tenait lieu (*placitum*) [1].
A partir de ce moment, la confusion fut presque
complète entre les justices foncières et les justices
seigneuriales.

SECTION II

§ 1. — *L'application du principe justice rendue par
les pairs aux cours censières est non moins certaine.* —
Le principe d'organisation du jugement par les pairs
que nous avons vu posé d'une façon nette et précise
pour les cours d'hommes de fiefs, ne semble pas
devoir être adopté pour les cours censières avec la

---

[1] LUCHAIRE, *Man. des Inst. franc. Période des Capétiens*, page,
343.

La disparition du jugement par les pairs pose un pro-
blème d'origines à propos de l'institution du jury. Cette institution qui fonctionne localement en France, et généralement
en Angleterre, paraît née du régime féodal. Les uns (Dareste,
Nordstrœm) la voient sortir de l'institution des cojureurs ;
2° pour d'autres (Beautemps-Beaupré), les jurés auraient pour
ancêtres le juge féodal dans la cour des pairs. Les différences nombreuses, signalées par Glasson, ne permettent pas
d'adopter cette opinion. De nos jours, on se rallie généralement à l'opinion de Brünner (*Die Enstehung der Schwur-
gerichte*, ch. 26), qui voit le jury procédant de l'enquête par
le pays. Cette institution aurait passé de Normandie en
Angleterre. Voir sur ces points Glasson, *Hist. du Droit et des
Inst. de la France*, tome VI, pages 535 et suiv., et surtout du
même auteur *Hist. du Droit des Inst. pol., civ. et jur. de l'Angleterre*, tome II, pages 472 et suiv.

même évidence. Dans la société féodale, le vilain, en cette seule qualité, n'a jamais droit au jugement de ses pairs[1]. Ses pairs ne sont jamais ses co-vilains ; l'expression serait dénuée de sens. Mais dès que le vilain possède une censive (héritage vilain) sa situation juridique est tout autre. A-t-il droit, en d'autres termes, en qualité de tenancier, au jugement de ses pairs, ses co-tenanciers ?

Deux opinions ont été émises sur cette question. La première[2] considère qu'en aucun cas le vilain n'a droit au jugement de ses pairs. Championnière dans son traité *De la propriété des eaux courantes*, s'appuie sur deux textes de Beaumanoir. Le premier[3] est relatif aux vilains possesseurs de tenures roturières qui « poent plus briement sommer lor segneur de defaute de droit, qui ne font li home de fief ; *car il ne sunt pas tenu à sommer par pers, qu'il n'en n'ont nul* ». Le second[4] prévoit le cas où un vilain, ou homme de poeste se trouve possesseur d'un fief : « Nus ne doit douter, se li hons de poeste tient fief de son droit, et aucuns plede à li de ce que au fief apartient, soit ses sires ou autres, *que il ne doie estre demené par ses pers*, aussi comme s'il estoit gentix hons. » Championnière, sans discuter la valeur de ces deux textes, ajoute que c'est avec raison que

[1] Pierre de Fontaine, *Cons.*, XXI, 8.
[2] Championnière, *op. cit.*, page 402.
[3] Beaumanoir, ch. LXII, 5.
[4] Beaumanoir, ch. XLVIII, 11.

le vilain n'a jamais droit au jugement de ses pairs
« car il n'existe de pairs véritables que dans la société
féodale, où le fief militaire avec le caractère d'association s'est maintenu [1] ».

L'objection qui se présente à la lecture des deux
textes de Beaumanoir, semblerait d'une évidence
absolue, si les faits eux-mêmes ne lui infligeaient
un éclatant démenti. Nous verrons, en effet, que le
jugement par co-tenanciers ou co-censitaires se rencontrait dans un grand nombre de régions. Le premier texte de Beaumanoir [2] dit-il, d'ailleurs, qu'il
n'y avait jamais lieu au jugement par co-tenanciers?
Il est évident qu'il n'envisage même pas cette hypothèse. Relatif à la procédure de la *defaute de droit*,
ce texte indique tout simplement que le censitaire
n'était pas obligé de *sommer* par d'autres censitaires, et qu'il pouvait remplacer ceux-ci « par de
bonnes gens qui en puissent porter tesmoignage en
tems et liu ». Il est vrai que Beaumanoir ajoute qu'il
en était ainsi parce que les censitaires n'ont pas de
pairs. Toute la question se ramène à savoir ce que
Beaumanoir entendait par pairs. Dans la termino-
logie moderne, nous employons l'expression de pair
avec le sens général d'égal. Pour Beaumanoir, au
contraire, l'expression de pair est caractéristique,
elle n'appartient, ainsi que le dit Champonnière,
qu'aux seuls hommes de fiefs. Le sens donné par

[1] CHAMPIONNIÈRE, *op. cit.*, page 402.
[2] BEAUMANOIR, 411, 5.

ROGIER   3

Beaumanoir au mot pair est donc beaucoup plus restreint. L'argument qu'on prétend tirer de ce texte de Beaumanoir ne nous paraît donc pas concluant.

Le second texte de Beaumanoir[1] invoqué par Championnière, pour établir que les vilains n'avaient pas droit au jugement par leurs pairs, ne prouve rien non plus, car il est relatif à un : « hons de poeste (qui) tient fief ». On s'explique très bien que Beaumanoir dise « que il ne doie estre demené par ses pers », et qu'il soit soumis en ce qui concerne son fief à la loi des « gentix hons ». La différence de tenures entraînait une juridiction différente ; c'est tout ce qu'on peut tirer de cette citation.

L'opinion de Championnière était trop absolue. Elle ne pouvait être soutenue en présence des nombreuses juridictions de censitaires que l'on rencontre dans beaucoup de régions.

Une opinion plus récente, qui rallie la majorité des auteurs, tout en admettant qu'en principe le vilain n'avait pas droit au jugement de ses pairs, reconnaît que cette règle comportait des exceptions nombreuses. Elle est soutenue par M. Esmein[2], dans son *Cours élémentaire d'histoire du droit français.* « Cette règle, écrit-il, qui mettait presque le vilain à la discrétion du seigneur justicier ou de son bailli, s'appliquait aux procès concernant la tenure, comme aux autres causes. Cependant, sa condition pouvait

[1] BEAUMANOIR, XLVIII, 11.
[2] ESMEIN, *Cours élémentaire,* page 256.

être améliorée, et il pouvait avoir droit localement et exceptionnellement au jugement par les pairs..... : cela se présentait surtout quand il s'agissait de la justice féodale, qui était souvent rendue, quant à la tenure, par d'autres tenanciers [1].

§ 2. — *Applications nombreuses de ce principe.* — Nous devons remarquer que les exceptions à la règle qui n'admet pas le jugement par les pairs pour les tenanciers cottiers sont beaucoup plus nombreuses qu'on ne veut le dire. Elles ne se localisent pas dans une région déterminée.

Les textes que nous citons plus loin nous permettent au contraire de renverser la règle admise généralement. Il semble que cette dernière opinion soit en voie de formation chez certains auteurs. Dans son *Manuel d'histoire du droit français*, M. Brissaud [2] semble plus affirmatif que M. Esmein. C'est ainsi que cet auteur écrit à propos du jugement par les pairs : « Dans les deux classes de tribunaux seigneuriaux (cour des barons et cours des bourgeois pour les non nobles), les parties sont jugées, en général, par leurs pairs, le président ne faisant qu'émettre la sentence rendue par ceux-ci et la ramener à exécution. »

[1] ESMEIN, *Cours*, page 256.
[2] *Manuel d'histoire du droit français*, p. 669. Paris, 1899. Il est juste d'ajouter que cet auteur conteste l'existence des cours foncières proprement dites.

Les cours censières où jugeaient les vilains co-tenanciers se rencontraient dans d'autres pays que la France, où le régime féodal les avait fait naître. C'est ainsi qu'il existait en Angleterre des cours manoriales pour les *copyholders*, c'est-à-dire les tenanciers. En Allemagne les cours colongères (*Hofge-richte*) étaient de véritables cours censières. Elles ressemblaient sur plus d'un point à nos échevinages ruraux du Nord. En Flandre les *laet hœven*[1] étaient des cours de tenanciers roturiers, où se jugeaient tous les litiges naissant à l'occasion des tenures censières, à côté des cours féodales pour les fiefs.

Quoi qu'il en soit, nous allons voir par quelques textes que, pour la France, cette juridiction par co-tenanciers que l'on avait localisée dans les provinces du Nord, et dont nous étudierons plus loin les survivances, se rencontre ainsi constituée dans les régions les plus opposées.

Dans l'Artois, la Flandre, le Hainaut, cette juridiction foncière sous la forme de justices par hommes de fiefs, cottiers, ou d'échevinages ruraux, survécut à la rédaction des coutumes. Elle dut exister sous cette même forme jusqu'au xve siècle dans les autres régions du Nord.

Dans la Picardie, les juridictions foncières se maintinrent néanmoins, bien que leur organisation par

[1] Voir sur ces *laet hœven* DEFACQZ, *Ancien droit Belgique et Britz*.

hommes ait disparu de bonne heure. Pour cette région, nous voyons en effet dans une décision rapportée par Marnier[1] que les tribunaux de *pœstées* étaient composés *d'hommes de pœsté* (vilains), et qu'ils constituaient de véritables cours foncières. Dans ce texte, il s'agit d'un jugement rendu par les hommes de pœsté d'Aisenviller et réformé par la cour des hommes de fiefs de Bouberc. Ces derniers condamnèrent les hommes de pœsté à l'amende de 60 sols envers le seigneur de Bouberc, « parce qu'il avoient fait mal jugement en la cour de Aisenviller ».

Il s'agit évidemment d'une cour censière. Ceci résulte de ce que l'appel de cette cour est porté devant un tribunal d'hommes de fiefs, et de ce que l'amende dont sont frappés les hommes de pœsté est la même que celle qui frappe les juges cottiers dont le jugement est infirmé. Au xviie siècle, il existait encore dans le Cambrésis des tribunaux appelés *pœstées*. Or, Pinault sieur des Jaunaux[2], qui en signale l'existence, ajoute : « Cette juridiction étant purement foncière, ne connoît que des clains et des arrêts faits sur les héritages qui en dépendent et des devoirs des dits héritages. » Il nous paraît donc impossible de voir dans les pœstées autre chose que des cours foncières.

Dans les régions où la justice foncière disparut de

[1] *Ancien coutumier inédit de Picardie*, page 2.
[2] *Cout. générale de la ville et duché de Cambray*, Douai, 1691, page 397.

bonne heure, nous trouvons des cours censières composées de tous les censitaires du seigneur. Dans les textes publiés par G. d'Epinay [1] sous le nom de *Coutumes de France au temps de Charles VII,* nous voyons fonctionner la cour des censitaires. Au titre *circa censum consuetudinibus,* il est question d'un débiteur de cens ou de rentes, qui veut se dégager. Il a le droit de renoncer à la propriété de l'immeuble soumis à cette rente. La cession se fait en jugement, les censiers dûment appelés : « Quiconque veult deuement renoncer à la propriété d'aucun héritage, il faut que ce soit en jugement. Les censiez à ce appellez souffisent. »

A l'Ouest, en Anjou [2] on rencontre la « curia », cour foncière pour la censive où le tenancier doit comparaître, soit pour y être jugé en raison de sa tenure, soit pour exercer la justice, « recipere vel facere justitiam, » « respondere domino vel heredi si deliquit in jure suo reddendo ».

Cette justice censière existait encore dans le Bordelais [3] au xive siècle avec le jugement par les pairs. Les quelques documents publiés par Brutails ne laissent aucun doute sur ce point. Ce sont, pour la

[1] *N. R. H. D. F.* 1891, page 145.

[2] *Cartulaire,* Ecce Cenomanensis vel Albus Liber Capituli, no 157, cité dans G. PLATON, *Le Droit de Propriété à l'époque franque,* page 153.

[3] Voir un article de BRUTAILS dans *N. R. H. D. F.,* 1896, pages 532 et suiv. Documents relatifs à l'exercice de la juridiction foncière dans le Bordelais au xive siècle.

plupart, des procès-verbaux de défaut pris contre
un tenancier cité en la *cort* du seigneur foncier, en
raison de sa tenure. «Il s'agit d'un bourgeois de Saint-
Macaire, nommé Jean Gran, qui cita à comparaître
en sa présence un tenancier (affivat) en raison
d'une terre sise dans le territoire de cette ville. Les
2, 6, 9 et 16 avril, il monta son audience à la porte
de sa maison, *tenent cort cum senher de feus*. Le
2 avril et sans doute le 9, le tenancier fit défaut
purement et simplement. Le 16, il fit présenter des
excuses qui furent déclarées irrecevables et de nouveau assigné pour le 23, prévenu que s'il ne se présentait pas ce jour-là, on passerait outre. » Les
actes donnent pêle-mêle la liste des témoins et des
membres de la *cort*, tous pairs du tenancier assigné.

Les tenanciers s'obligeaient couramment dans
les baux ou les reconnaissances, à faire droit au
seigneur foncier chez lui. Cette juridiction foncière
est visée plusieurs fois dans les coutumes de Bordeaux (archives municipales de Bordeaux, *livre des
coutumes*) [1] ; dans les coutumes et statuts de la ville
de Bergerac [2] (statuts de 1368) ; dans les coutumes
d'Agen [3], de Bazas [4].

---

[1] Bordeaux, ARCHIVES MUNICIPALES, *Livre des Coutumes*,
§ 121, page 99 ; § 187, page 145.

[2] *Coutumes et statuts de la ville de Bergerac commentés par* M.
DE LAMOTHE... MDCCLXXVIX *(sic)*, p. 91, § 66 (statuts de 1368).

[3] Dans ARCHIVES MUNICIPALES (Bordeaux), § 48, page 269.

[4] *Coutumes de Bazas* dans ARCHIVES MUNICIPALES (Bordeaux),
page 590.

§ 3. — *La cour colongère (Dinghof) est une cour
foncière.* — A l'Est, dans la haute Alsace, se rencontrait la cour colongère[1], dont l'analogie avec la
cour de l'Echevinage rural est frappante. Nous ne
pouvons rappeler que très rapidement les attributions de ce tribunal *(Dinghof)*, afin d'en signaler les
caractères de cour foncière. Il ne nous paraît pas
possible d'y voir un tribunal public. Cette cour colongère, que l'on rencontrait en Westphalie et en Suisse,
n'existait que par exception en France.

C'est une cour de plaids, qui était réunie trois ou
quatre fois par an généralement. Dans certaines
localités, le *hofding* se réunissait toutes les fois que
besoin en était. Elle se composait de l'assemblée
plénière de tous les tenanciers de la cour. Le plaid
général était présidé par le seigneur ou son délégué.
L'assistance y était obligatoire, à peine de confiscation de la tenure. Avant de délibérer, on se réunissait dans un repas pris en commun. L'assemblée formée, on statuait sur les ventes et les échanges d'héritages colongers. On veillait à ce que chaque tenure

---

[1] Sur les colonges d'Alsace, voir DURZ, *De curiis dominica-
libus* dans SCHILTER, *Corpus juris alemanici feudalis*, page 32.
— GRIMM WEISTHUMER, t, I, page 650. — HEITZ, *Die Dinghofe
in Elsass (Alsatia*, 1854-1855). — VERON-REVILLE, *Essai sur les
anciennes juridictions d'Alsace*, Colmar, 1857, page 124, et
surtout HANAUER, *Les constitutions des campagnes au Moyen
Age et les Paysans de l'Alsace au Moyen Age*, 1865. — STOUFF,
Le pouvoir temporel des Evêques de Bâle... Paris, 1891, page
96. *Sur le rôle des Colongers, N. R. H.*, 1893, page 45.

fût exploitée sérieusement. Ces plaids ressemblaient aux Franches-Vérités du Nord, mais à la différence de celles-ci, ils constituaient de véritables cours foncières, puisque les aliénations devaient être approuvées, confirmées et ratifiées par les colongers.

A côté de ces plaids généraux, nous trouvons le plaid plus spécial des échevins, présidé par le maire, représentant à la fois du seigneur et de la communauté des colongers. C'est, en somme, un groupe restreint de tenanciers investis de la mission de rendre la justice sur les biens des colonges. Ils doivent, par exemple : « pronunciare jura curtis et bonorum ejusdem curtis [1] ». « Si quelques-uns ne paieroient pas les cens [2]..., le mayeur assemblera les eschevins les jours suivants et il les semoncera pour savoir comment et de quelle façon le seigneur parviendra à ses cens et les percevra. »

Pour être juge (échevin ou *hofmann*), il faut être possesseur de biens de la cour *(fecda curtialia)*. Tout juge doit prêter au préalable serment de bien remplir sa fonction [3].

Et que sont ces tenures sur lesquelles le colonger pourra rendre la justice ? Ce sont des terres concé-

[1] Voir dans GRIMM WEISTHUMER, III. — DORSTEN, page 163, « perscrutari si curtis et bona ejus permaneant in jure corum » — accusare accusanda et pronuntiare pronuncianda.

[2] Voir dans GRIMM, II, page 829.

[3] Voir dans GRIMM, IV, 222, *Colonge de la Poutroie* (Haute-Alsace).

dées pour être cultivées à charge d'en payer la rente
et d'accomplir le service de plaid. Les redevances
étaient le loyer de la tenure ; elles s'acquittaient
tant en argent qu'en nature : avoine, poules, etc.

Toute constitution de droits réels sur une colonge,
toute transmission entre vifs ou par succession ne
peut s'accomplir sans l'intervention du seigneur[1].
Le paiement du droit de lods et ventes en est la
conséquence naturelle. La communauté des colongers semble bien avoir à côté du seigneur un droit
parallèle sur la tenure. C'est ainsi que dans certaines
localités, le droit de lods et ventes se paie partie au
seigneur, partie à la communauté.

Mais ces droits ne sont toujours que le résultat de
concessions du seigneur, octroyées dans des chartes.
Cette particularité ne peut enlever à la colonge son
caractère de tenure roturière, de même nature que
les terres censières, partant de considérer l'assemblée
des colongers comme cour foncière.

[1] Voir *Ibid.*, IV, page 226 (la Poutroie).

CHAPITRE III

COMPÉTENCE PRIMITIVE.

§ 1. — *Compétence de la cour foncière féodale.* —
La nature féodale des justices foncières pour fiefs,
qui a dicté l'organisation primitive de ces juridictions, influe également sur leur compétence en en
limitant l'étendue.

Au début de l'époque féodale, le seigneur connaissait par cette juridiction de tous les litiges concernant sa tenure et des obligations qu'elle entraînait.

C'est, en effet, devant ce tribunal que le seigneur
poursuivait son vassal pour tous les devoirs auxquels
il était tenu en raison du contrat de fief. C'est devant
ses pairs que le vassal était donc tenu de se justifier;
et la non exécution de ses devoirs entraînait comme
sanction la commise ou la saisie féodale prononcée
par cette même cour : « Nullus liber homo capiatur
aut disseisiatur nisi per legale judicium parium suo-
rum [1]... »

Il faut remarquer que cette saisie qui était accomplie en présence et sous le contrôle de la cour féodale, subsistera dans les coutumes comme dernier
vestige de cette justice inhérente au fief.

[1] *Grande Charte*, 21, 39.

A l'inverse, le vassal pouvait se servir de la Cour foncière féodale, pour contraindre le seigneur à remplir ses engagements, ou l'obliger à se servir du ministère de sa Cour, quand l'emploi de celle-ci était exigé [1]. C'est ainsi que lorsque le seigneur dépossédait son homme de fief, sans « *esgart et connaissance de court* », c'était encore devant cette cour féodale que le vassal troublé dans sa possession, portait son action en complainte. Le Grand Coutumier [2] dit à ce propos : « Item le vassal pœult contre son seigneur et la court d'icelluy seigneur intenter le cas de saisine et de nouvelleté. »

L'homme de fief convoquait alors ses pairs et se présentait avec eux devant son seigneur. Il le sommait de le replacer dans sa possession et lui déclarait que s'il ne le faisait pas, il entrerait en lutte armée avec lui.

Dans un autre domaine, c'est encore devant ce tribunal que le vassal soutenait, comme demandeur ou défendeur, tous les procès contre des tiers à propos de sa concession [3].

Mais, comme nous le verrons plus loin, cette com-

---

[1] Sur ces différents points, voir : *Assises de Jérusalem, Haute-Cour*, ch. 205. JACQUES D'IBELIN, ch. IX. BRUSSEL, I, page 159. DUMOULIN, *Traité des fiefs*, annoté par HENRION DE PANSEY, p. 348.

[2] *Grand Coutumier*, page 139.

[3] Voir document de 1022-1055, *Cart. de St-Flor-de-Saumur*, dans la coll. Dom Housseau (Bibl. Nat.), II, n° 37. BEAUMANOIR, ch. LI, n° 18.

pétence de la cour du seigneur foncier disparut bien-
tôt; de sorte que les seules contestations entre le
seigneur et son vassal pour tous les procès concernant la tenure furent jugées spécialement par la cour
féodale.

§ 2. — *Compétence primitive des cours censières.* —
Quand cette juridiction s'exerçait au profit du seigneur censier sur son tenancier, elle prenait le nom
de justice censière. M. Flach [1], appelle cette juridiction la justice censuelle : « La relation née de l'ac-
censement de la terre ou l'imposition de certaines
charges, ou prestations grevant la personne, entraînaient, en effet, par les raisons que j'ai précédem-
ment déduites, une juridiction correspondante au
profit du seigneur censier, et cela sans égard à la
qualité des censitaires : qu'ils fussent hommes libres
ou serfs d'autrui : c'était la justice censuelle. » Et
M. Flach aurait pu ajouter, parlant du censitaire : qu'il
fût noble ou roturier. C'est, du moins, ce que l'on
peut induire d'un passage de Beaumanoir [2]. « Mais
qu'il (les gentixhomes) facent des vilenages ce qu'il
doivent, ainsi comme se gens de poeste les tenoient. »

Cette juridiction censuelle, bien que s'étendant à
tous les litiges relatifs à la tenure, connaissait principalement du cens et des prestations analogues :
« Neque pro eá (terra) justiciabunt eum nisi de

[1] FLACH, *Origines hist. de l'Anc. France*, tome I, page 277.
[2] BEAUMANOIR, XLVIII, 7.

censu tantum », dit le cartulaire de Saint-Martin-des-Champs[1]. Elle était également indépendante du domicile du censitaire. Celui-ci ne pouvait s'y soustraire en changeant de résidence.

Le fait même de devenir censitaire d'un nouveau seigneur dont il cultivait le sol, ne déplaçait pas la compétence de la première cour censuelle, devant laquelle il restait justiciable pour son ancienne tenure. Il dépendait de deux ou trois juridictions censuelles différentes, suivant les cas. C'est ce qui résulte de différents cartulaires, notamment de ceux cités par Flach, et principalement de celui de Marchiennes.

Cette règle, qui soumettait un censitaire pour ses diverses tenures à plusieurs juridictions, n'était pas sans inconvénients, et on dut y remédier de bonne heure en autorisant le seigneur censier à citer son censitaire directement devant la justice du seigneur où il demeurait. C'est ce qui arrivait surtout dans le cas où le tenancier demeurait dans une région très éloignée de celle de son seigneur censier.

Nous avons, à cet égard, une décision de l'échevinage d'Abbeville de 1311, rapportée dans les coutumes notoires de Picardie, publiées par Marnier[2].

Le défaut de paiement du cens entraînait pour le

---

[1] *Cartulaire de Saint-Martin-des-Champs*, cité par FLACH, *op. cit.*, ch. IX. Voir également un document de 1046, *Coll. Dom Grenier*, Bibl. Nat., n° 233.

[2] *Ancien Coutumier de Picardie*, Marnier, pages 95-96.

censitaire récalcitrant la saisie censuelle prononcée par la cour foncière. Cette saisie à l'origine était très rigoureuse [1] puisqu'elle opérait le retrait de l'héritage saisi, et sa confiscation au profit du seigneur censier.

Bien que les effets de cette saisie aient diminué de gravité avec le temps, on retrouve encore, dans certaines coutumes, le souvenir de l'état ancien. En effet, dans quelques régions, les seigneurs fonciers ont conservé le droit de confisquer la tenure en cas de non paiement des droits seigneuriaux.

§ 3. — *Compétence commune aux deux cours en matière de saisine.* — C'est devant la cour foncière (féodale ou roturière) qu'a lieu la désaisine-saisine ou investiture donnée par le suzerain. Sous le régime féodal, ce mode de transmission de la propriété était obligatoire.

Le seigneur foncier, qu'il fût seigneur de fief ou seigneur censier, ne consentait à l'aliénation que si le transfert se pratiquait devant sa justice. La mutation de propriété donnait lieu à un double transfert. L'aliénateur du fief ou de la censive s'en dessaisissait entre les mains de son seigneur, et celui-ci en investissait à son tour l'acquéreur.

La transmission revêtait aussi une solennité particulière, par la présence des hommes de fiefs et des hommes censiers, qui faisaient l'office de juges. Les

[1] Voir la décision de l'échevinage d'Abbeville sur ce point.

formalités, qui variaient suivant qu'il s'agissait d'un fief ou d'une censive, sont décrites pour les fiefs dans le *Coutumier d'Artois* [1] (vest et desvest) et pour les censives dans le *Grand Coutumier de France* [2]. La tradition symbolique dans les deux cas rappelle le mécanisme de la tradition telle qu'elle était pratiquée à l'époque franque, telle que nous les rapportent les cartulaires et les formules de Rozière.

Cette investiture devant la cour du seigneur foncier était, à l'origine, absolument nécessaire pour le transfert de la propriété ou l'acquisition de droits réels. « Au vendeur, dit Jean Des Marez [3], demeure toujours la vraye saisine et possession jusques à tant qu'il en soit desaisi en la main du seigneur foncier et ne peut s'en dire l'acheteur saisi, jusques à ce qu'il en soit saisi de fait par le seigneur foncier. » C'est encore ce que dit Wieland [4] : « Le vassal est dewesti et mis hors de souche en pleine cour ». Le transfert était un acte accompli en plaid, passé en jugement. Ce point est affirmé dans le *Coutumier d'Artois* [5]. « Le rapport fait en ceste manière, le sire doit conjurer ses hommes, s'il en ont tant fait qu'il ni ait mais droit ; demander leur doit qu'il en a à

---

[1] *Coutumier d'Artois*, titre 22, n°s 2, 3, 4, 5.

[2] *Grand Cout. de France*, livre II, ch. 23.

[3] Jean Des Marez, *Décisions*, n° 189, dans *Coutumes notoires*, n° 124.

[4] Wieland, *De feudis*, ch. XXXIV.

[5] *Cout. d'Artois*, titre 22, n°s 4, 6.

faire et *ils doivent dire par jugement que le sires en ahirete l'acateur.* » Et plus loin pour la censive « et en ceste manière le convient il faire de terre censive, par les rentiers qui ad jugier l'ont ».

Quelquefois, un débat s'élevait en cour foncière, au moment de l'ensaisinement. Beaumanoir[1] imagine deux situations qui peuvent se présenter.

Un tiers revendique la propriété d'un héritage au moment de l'aliénation. Le seigneur retient la saisine en sa main, avant tout débat, puis, si le tiers revendiquant ne conteste pas la possession de l'aliénateur, le seigneur « doit baillier le saisine à celi por qui le dessaisine fut fete ». Si au contraire le tiers se réclame de la saisine, le seigneur garde la saisine en sa main « dusqu'à tant qu'il sace au quel le saisine en apartient ; et selonc ce qu'il trueve, fere droit ».

En vertu du même principe, le retrait féodal ou lignager en matière de fiefs ou de censives se pratiquait devant la cour foncière. Beaumanoir[2] dit à ce sujet : « Bien se gart li sires qui veut avoir l'éritage mouvant de li par le bourse, que il retiengne le saisine en se main, quant li venderes en est dessaisis, et quil nen saisisse pas le persone estrange qui l'aceta », sinon le retrait ne serait plus possible.

Ce formalisme, comme on l'a écrit,[3] n'était pas

[1] Beaumanoir, LI, 18.
[2] Beaumanoir, LI, 21.
[3] Ferron. *Etude historique et critique sur la Publicité des Droits réels et immobiliers.*

Rogier   4

exigé pour la sécurité des transactions, mais il prenait sa source dans le respect dû au droit du seigneur dominant, et dans le besoin de garantir la
perception des redevances dues en cas d'aliénation.

A une époque, ou la propriété du fief était en
quelque sorte partagée entre le suzerain et son vassal, on s'explique, que pour toute constitution de
droits réels, le consentement des deux parties contractantes était insuffisant, s'il n'était revêtu de l'ap-
probation solennelle du seigneur suzerain.

C'est ce que nous voyons notamment dans l'histoire du gage immobilier, et de l'hypothèque à
l'époque féodale. Le gage d'usage[1] précéda dans le
droit féodal, l'hypothèque d'origine romaine. Le
constituant ou débiteur gagiste, devait se dessaisir
entre les mains du seigneur, tandis que l'engagiste
devait être ensaisiné par ce dernier : « Pour obtenir
la saisine qui lui était nécessaire, écrit M. Peltier[2],
l'engagiste devait appeler son débiteur devant le
seigneur. Ce dernier ne pouvait en effet la lui con-
férer avant que celui qui avait concédé l'engagement
ne se fut dessaisi entre ses mains. Cependant, il ne
fallait pas que le mauvais vouloir du débiteur para-
lysât trop longtemps le droit de son créancier : aussi

---

[1] *Sur le gage immobilier dans le droit féodal.* Voir F.
PELTIER, *Du gage immobilier dans le très ancien droit français.* Thèse, Paris, 1893, II° partie, ch. I. *Le gage immobilier
et le droit féodal* et particulièrement les pages 168 et suiv.

[2] PELTIER, *op. cit.*, p. 172.

voyons-nous qu'après trois sommations restées in-fructeuses, le débiteur était considéré comme s'étant tacitement dessaisi aux mains du seigneur. Ce dernier pouvait dès lors ensaisiner le créancier gagiste. »

Il en fut de même pour l'hypothèque quand celle-ci fut admise [1]. Alors qu'en droit romain l'hypothèque était créée par la seule volonté des parties, le droit féodal requérait l'autorisation du seigneur. Comme le dit Esmein, [2] « Si l'obligation portait sur un immeuble, une tenure féodale par exemple, pour acquérir un droit sur cette tenure, il fallait traiter non seulement avec le tenancier, mais encore avec le seigneur foncier qui devra autoriser le créancier. »

Dans les pays de nantissement, l'obligation même, avec l'autorisation du seigneur foncier, ne donnait pas au créancier le droit de faire vendre les immeubles, mais de s'en faire attribuer les fruits « que l'héritaige obligié ne peut estre vendu fors fruis » dit Boutillier [3]. Pour acquérir le droit de faire vendre l'immeuble de son débiteur, il fallait recourir au *rapport à loi*.

---

[1] L'hypothèque n'apparaît qu'au XIIIe siècle. On pratiquait antérieurement le *mort gage* et *vif gage*. Dans le cas d'une terre baillée à mort gage, les fruits ne s'imputaient pas sur la dette, dans le cas de vif gage, ils s'imputaient au contraire. Voir VIOLLET, *Droit privé*, page 736. — ESMEIN, *Etude sur les Contrats*.

[2] ESMEIN, *op. cit.*, pages 165-189 et suiv.

[3] BOUTILLIER. *Somme rural*, ch. I, 35, page 137. Edit. Charondas.

Nous verrons, dans l'étude spéciale des justices foncières dans le Nord de la France, que ces formalités subsistèrent, et seront encore passées devant la cour d'hommes de fiefs ou de tenanciers. Mais il faut remarquer qu'elles ne seront plus requises dans le seul but de marquer le droit éminent du seigneur foncier, par suite d'idées nouvelles admises dans ces régions commerçantes.

§ 4. — *Conflit de compétence des justices foncières et des justices seigneuriales.* — Les cours féodales et avec elles les cours foncières, eurent à lutter d'une façon continue, contre leurs ennemies naturelles, les cours ecclésiastiques, seigneuriales et royales. Les conflits étaient incessants à l'origine, entre les juridictions féodales, ecclésiastiques et seigneuriales; et ils éclataient à tous propos à l'époque de Beaumanoir. Ce dernier chercha à donner des notions précises sur la division de la compétence [1]. Il était difficile de poser des règles générales que les exceptions très nombreuses venaient le plus souvent renverser. C'est ainsi que les clercs, justiciables ordinairement des tribunaux d'église, relèvent de leur seigneur foncier pour « ..... les héritages qu'ils tienent en fief lai ou à chens ou à rentes de segneur; car quiconques tiengne tex héritages, le juriditions en apartient au segneur de qui li héritages est tenus, si

---

[1] BEAUMANOIR, chap. XI, nos 1 et suiv., tome I, édit. Beugnot.

comme dit est. [1] » Il en est encore ainsi lorsque le clerc veut « obliger » l'héritage qu'il tient de son seigneur : « Clercs ne pot estre justiciés por se plegerie, fors que de son ordenaire, s'il n'oblige son héritage par le segneur de qui li héritages est tenus ; car son héritage pot il obliger à le justice laie... [2] »

§ 5. — *Hiérarchie des justices foncières et des justices seigneuriales.* — Lorsqu'un homme de fief ou tenancier, était assigné le même jour devant une cour foncière et une juridiction seigneuriale, il s'agissait de savoir devant quelle juridiction cet homme de fief ou ce tenancier devait se présenter. La question était résolue par la hiérarchie de juridiction. Le *Grand Coutumier de Normandie* exigeait qu'on se présentât à la cour la plus haute, qui donnera à la partie des lettres pour excuser son défaut devant les autres cours [3].

Si ce même cas se présentait entre une cour seigneuriale et les cours foncières, féodales ou censières, il était de principe, pour la période primitive du moins, que la juridiction foncière en matière de fief dominât hiérarchiquement la justice seigneuriale.

[1] BEAUMANOIR, tome I, page 160, n° 7. Voir également *idem*, I, page 171, n° 35. « Quant clers tient héritage de son patreimongne ou de s'aqueste, de segneur lai, et aucuns l'en demande .tout ou partie, la juridiction en apartient au segneur lai de qui li héritages est tenus. »

[2] *Idem*, tome II, chap. XLIII, 13.

[3] *Grand Coutumier de Normandie*, chapitre XLVI.

Cette règle est d'ailleurs très bien formulée dans le *Coutumier d'Artois*, III, 18 : « Et cieux aussi qui tient en fief doit à son signeur plus de reverence que à celui desous qui il couche et lève. » Les Coutumes d'Artois ont conservé plus que toutes autres le reflet de l'état ancien, surtout en ce qui concerne les justices féodales.

De bonne heure la règle n'est plus la même pour la juridiction foncière censière ; du moins dans les régions où le jugement par les co-tenanciers est la règle de cette justice. *Coutumier d'Artois*, III, 17 : « Robers qui est tes couchans et tes levans, fu adjornés par devant son signeur pour chateux et moebles ; et à ce jour meisme avoit jour par devant j. sien autre signeur d'iretage qu'il tenoit de lui..... Mout gringneur reverence doit il a le court son signeur, desous qui il couce et lève que à celui de qui il tient la terre à cens sans plus. »

Il est vrai qu'on oppose à ces règles un texte de Beaumanoir[1] qui paraît les infirmer. Le passage de

---

[1] BEAUMANOIR, tome I, ch. II, nᵒ 16, p. 51. « Or veons quant aucuns est semons par devant son segneur desoz qui il est couquans et levans, et à cele meisme jornée il est semons par devant un de ses autres segneurs por reson d'eritage qu'il tient, et sont li cas tel qu'il n'y a point de contremant, auquel il doit mix aler. Je di qu'il doit mix aler à la semonse du segneur desoz qui il est couquans et levans, car il li doit moult plus d'obeissance qu'il ne fet as autres segneurs de qui il tient ses heritages tant solement ; porce que li sire desoz qui il est couquans et levans, a le justice de son cors et la connissance de muebles et de catix et des heritages qu'il tient de li.. »

Beaumanoir peut être interprété de différentes façons ;
tout d'abord, comme il ne spécifie pas la nature de l'héritage du seigneur foncier, que, d'autre part, le mot
iretage est synonyme de censive [1], on peut y voir le
développement du parag. 17 du *Coutumier d'Artois*.
Mais en admettant même qu'il s'applique à un fief, le
texte prouve suffisamment que la question était très
discutée à l'époque de Beaumanoir qui la tranche en
faveur du seigneur justicier, en donnant comme raison de cette décision la compétence plus étendue de
ce dernier. Cette décision de Beaumanoir, à une
époque où la juridiction féodale tendait à disparaître
généralement, ne peut détruire la règle formulée plus
haut et que justifient les principes féodaux.

La règle posée par l'ancien *Coutumier d'Artois* peut
soulever encore une objection. Si la juridiction censière est de même nature que la juridiction foncière
en matière de fiefs, pourquoi la partie citée à la fois
devant une justice seigneuriale et une justice censière
n'est-elle pas tenue de se rendre d'abord devant cette
dernière ? Nous croyons qu'il ne faut pas attacher
une importance trop grande à la différence entre la
justice foncière féodale et la justice censière sur ce
point. Il ne faut pas oublier qu'au xiiie siècle, dans
les justices seigneuriales, comme dans les cours
d'hommes de fiefs où d'hommes cottiers, ce sont les

---

[1] C'est ainsi que nous voyons BEAUMANOIR, dans ch. LI, 14,
15, 16, 17, 18, 19, prendre le mot *iretage* comme synonyme
d'*héritage vilain*.

pairs (co-vassaux, co-tenanciers) qui rendent le jugement. On comprend dès lors que, malgré la différence de nature des deux juridictions et malgré les
principes qui semblent avoir été admis en cette matière, la partie assignée à la fois devant une cour
censière et une cour seigneuriale, se rende devant la
cour seigneuriale où elle sera jugée par des vassaux,
c'est-à-dire des juges d'une condition supérieure dans
la hiérarchie féodale à celle des simples tenanciers.

CHAPITRE IV

Notion sur la procédure des cours foncières
(Iʳᵉ Période).

Section I.

§ 1. — *Caractères généraux.* — Y eut-il, à proprement parler, à l'origine, une procédure propre aux cours foncières? On peut, dit Brunner[1], prétendre qu'il n'existe pas véritablement de procédure féodale, car la procédure désignée sous ce nom ne s'appliquait pas qu'aux seuls tribunaux féodaux, on la rencontrait également dans d'autres cours, par exemple celles des villes. Ce n'est d'ailleurs pas au régime féodal que cette procédure doit sa naissance. Elle lui est bien antérieure et son plein épanouissement semble remonter à l'époque franque. Le nom de procédure féodale semble à Brunner mal choisi pour qualifier cette procédure qu'il conviendrait peut-être mieux de désigner sous le nom de procédure formaliste, tout au moins pour la période antérieure à l'ordonnance de saint Louis,

[1] Brunner, *Wort und Form in altfranzœsischen Prozess* dans *Forschungen zur Geschichte des deutschen und franzœsischen Rechtes.* Stuttgart, 1894.

de 1260 [1]. Si l'on ne peut parler de procédure féodale, à plus forte raison sera-t-il impossible de distinguer une procédure propre aux cours foncières. Tout au plus pourrons-nous relever, comme se rencontrant plus spécialement dans les cours foncières, quelques particularités de procédure dans la conduite du procès, et considérer les procédures spéciales de la saisie féodale ou censuelle comme attributs de ces juridictions.

Le caractère de la procédure primitive des justices foncières est d'être à la fois formaliste, orale et publique. Les plaideurs abandonnés à eux-mêmes auraient couru de graves dangers à cause de l'irrévocabilité des paroles, si des moyens n'avaient été imaginés en vue de les protéger. Et le formalisme n'a peut-être été lui-même si développé qu'en vue d'assurer dans le contrat féodal à l'homme de fief la garantie de ses droits, car suivant le mot profond de Jhering : « *Die Form ist die geschworene Feindin der*

---

[1] Cette célèbre ordonnance de saint Louis, qui supprimait le combat judiciaire et introduisait la preuve par enquête et le serment de calomnie, ne s'appliqua d'abord qu'à la *jurisdictio commissaria*, et non à la *jurisdictio feodalis*. Dans les tribunaux féodaux, en effet, établis sur le régime du contrat, rien ne pouvait être changé sans le commun accord du seigneur et du vassal. « Ne li Rois ne puet mettre ban en la terre au baron sans son assentement, ne li bers puet mettre ban en la terre au vavasor », disent les *Etablissements de Saint Louis*, I, chap. 24 ; voir BRUNNER, *op. cit.*, pages 262 et suivantes.

Wilkür, die Zwillingsschwester der Freiheit[1]. » La
Forme est l'ennemie jurée de la Force, la sœur
jumelle de la Liberté. — Le formalisme s'est perpétué
dans les justices foncières sans disparaître jamais
complètement.

§ 2. — *Particularités dans la marche de l'instance.* —
L'instance, devant les cours foncières comme devant
les autres cours féodales, s'ouvrait par la *semonce*
ou *ajournement*. A la fin du XIIIe siècle, on ne distinguait plus entre ces deux termes[2], et pourtant à
l'origine il y avait une différence profonde entre la
semonce ou conjure, qui était la sommation faite par
le seigneur à ses vassaux de venir rendre la justice,
et l'ajournement qui représentait la citation en justice. Cette distiction s'est perpétuée dans les coutumes du Nord, comme nous le verrons plus loin.

L'ajournement en matière foncière comme en
matière féodale se faisait par les pairs qui étaient
appelés à rendre le jugement. Cet ajournement par
pairs, signalé dans Beaumanoir[3], s'est conservé dans
plusieurs coutumes. En matière censière, le tenancier
devait être assigné par deux sergents accompagnés
de deux témoins pairs du tenancier. Ils furent remplacés dans la suite par des records. En matière

---

[1] JHERING, *Geist des rœmischen Rechts*, II, page 497.
[2] TARDIF, *Procédure civile et criminelle aux XIIIe et
XIVe siècles*, page 46.
[3] BEAUMANOIR, II, 2.

féodale, l'ajournement n'était possible qu'avec la permission du seigneur.

Alors qu'en principe il n'était pas nécessaire de faire connaître au défendeur le procès qu'on voulait intenter, il semble qu'en notre matière l'ajournement était spécial en ce qu'il faisait connaître la prétention du demandeur. Il était même nécessaire, quelquefois, de s'adresser à la justice pour fixer la forme de la demande[1]. En matière de fiefs, les délais étaient de quinzaine pour le défendeur noble ou non; en matière de rotures, le noble était assigné comme le vilain du soir au matin ou du matin au soir.

Quand le défendeur était ajourné, il devait comparaître, mais il pouvait s'en dispenser en présentant des contremands ou des essoines. Le contremand était l'excuse proposée en justice pour faire remettre ou différer une assignation avec l'engagement de venir à jour certain. L'essoine était l'excuse proposée en justice pour faire remettre ou différer une assignation sans prendre l'engagement de venir à un certain jour.

Il semble que devant les cours foncières, du moins en matière de fiefs, il n'y avait pas lieu de contremander[2]. Si, malgré tout, l'on contremandait, le défaut était prononcé.

---

[1] BEAUMANOIR, II, 2.

[2] BEAUMANOIR, II, 4. « S'il est semons sor fief concelé, ou sor ce qu'il a fet de son fief ou d'une partie de son fief ariere fief, ou sor le service qu'il en doit par la raison du fief, il n'a point de contremant, mais ensonnier pot une fois. »

En principe, plus que partout ailleurs, la présentation en personne était obligatoire devant les cours foncières, mais l'on y autorisait également l'emploi des prolocuteurs et des procureurs.

La condamnation du défaillant, prononcée dans les affaires peu importantes après un seul défaut, n'était jamais prononcée en notre matière qu'après plusieurs défauts [1], on admettait généralement trois défauts au minimum.

Nous ne pouvons entrer ici dans le détail et la classification des exceptions, mais certaines d'entre elles étaient proposées plus spécialement devant les cours foncières. Le *jour de conseil*, qui, en principe, était accordé en cas de semonce simple, devait toujours être admis en notre matière quand il s'agissait d'un litige relatif à la tenure, c'est ce que l'on peut induire de certains textes de Beaumanoir [2]. Il en était de même du *jour de vue* ou *de montrée,* sorte de descente de juges, ou de descente sur lieux. Dans les cours féodales, la vue devait avoir lieu en présence du seigneur ou de son bailli, et de deux hommes de fiefs. Quelquefois même, on exigeait la présence de trois hommes. La partie qui *faisait la vue* prononçait certaines paroles solennelles.

Il y avait lieu à *cautèles* lorsque le défendeur, qui ne trouvait personne pour l'assister, demandait au juge de l'instruire. Il demandait à la cour un ou

---

[1] BEAUMANOIR, II, 8; Marnier, *Picardie*, 21, 71, 85.
[2] Voir BEAUMANOIR, VI, 22. *Anc. Cout. d'Artois*, XXI, 1, 5, 6.

plusieurs hommes de fiefs ; et ceux-ci étaient désignés par elle parmi ses membres. Après avoir con-
seillé le défendeur, ils reprenaient leurs sièges pour
statuer sur le fond de l'affaire. Plus tard [1], on ne
permit plus à ces hommes de fiefs, qui avaient été
conseillers, de statuer sur la cause.

Quand les parties avaient posé contradictoire-
ment leurs conclusions devant le juge, que le demandeur avait formé sa requête, et que le défendeur y
avait répondu par une négation pure et simple ou
par une exception, on arrivait à une phase de la
procédure appelée *plaid entamé, plaid mise, mise en
jugement, entrée en cause, contestation en cause.*
C'est la *litiscontestatio* [2] qui dessaisissait les justices
foncières, lorsque les affaires de leur ressort avaient
été portées indûment devant la juridiction d'un
autre seigneur.

La célèbre ordonnance de 1260, qui ne s'appliquait qu'au domaine royal, n'arrêta pas l'application
du combat judiciaire dans les justices féodales. Cette
preuve trouva même de nombreuses applications
dans les cours foncières ; aussi la rencontre-t-on en
usage assez tardivement devant ces cours. C'est ainsi
que le combat judiciaire a laissé de nombreuses
traces dans les échevinages ruraux.

La preuve par témoins fut admise devant les cours

[1] Beaumanoir, LXVII, 17.
[2] *Litiscontestatio*, voir Tardif, *Proc. civ. et crim. au XIIIe
et au XIVe siècle;* Olim, I, 592, 1.

foncières avec empressement. On s'en servit même pour constater les jugements antérieurement rendus. Le *record* [1] ou témoignage des juges, était donné par les pairs qui avaient pris part au jugement. Ce mode de preuve n'était pas sans inconvénients, et fit qu'on tint, jusque dans les petites juridictions foncières, des registres, *rotuli* ou *rolles*, pour constater les jugements rendus. Ceux qui devaient les tenir prêtaient serment de les tenir régulièrement. C'est l'origine des greffiers, qui pourtant ne furent jamais considérés comme nécessaires pour le bon fonctionnement des cours foncières.

La preuve par témoins se comprenait, surtout dans les litiges relatifs aux tenures, car les hommes de fiefs et les hommes censiers devaient être présents à chaque aliénation (vest et devest), et assister à la formation des contrats, auxquels ces tenures donnaient naissance. Ces témoins furent même entendus à l'exclusion des autres.

Les décisions des cours féodales s'appelaient *esgards* ou jugements. Le jugement n'appartenait pas au seigneur qui présidait, mais aux juges ; « li segneur ne jugent pas en lor cours, mais lor home jugent [2] ». C'était un principe admis pour les cours foncières que nous verrons se perpétuer là où elles avaient survécu. Le seigneur n'assistait même pas

---

[1] MARNIER, *Et. et cout. de Normandie*, page 23. — DE FONTAINE, XXI, 25, 43. — BEAUMANOIR, XXXIX, 6.

[2] BEAUMANOIR, ch. LXVII, n° 2, p. 156, tomo II.

à la délibération des juges, quand il plaidait contre son homme [1]. « Quant li sires plede, dit Beaumanoir, en se cort contre son home meisme, il n'est pas juges, ne ne doist estre au conseil, en se cort, du jugement. » Le seigneur ou son bailli pouvait être appelé à donner un renseignement pendant la délibération (à la façon des présidents d'assises). Avant de rendre leur décision, les juges opinaient à haute voix [2], et le jugement devait être prononcé par le président de la cour, qui « doit apeler les parties et savoir s'eles sunt presentes ». Si les parties n'étaient pas là, « li jugemens doit estre prononciés de requief en le présence de le partie [3] ».

Mais les juges n'étaient tenus à rendre leur jugement que s'ils avaient une opinion bien formée. Si leur conviction n'était pas faite, ils pouvaient prendre des délais pour délibérer. Il leur était aussi permis de prendre l'avis de conseils éclairés [4]. Cette pratique se conserva très longtemps dans les cours foncières du Nord.

[1] BEAUMANOIR, LXVII, n° 7.

[2] ETABLISSEMENTS DE SAINT-LOUIS, livre II, ch. 16. Ed. Viollet, page 375. — BEAUTEMPS-BEAUPRÉ, *Anciennes coutumes d'Anjou et de Maine*, F. n° 893, t. II, page 319.

[3] BEAUMANOIR, LXVII, 27, 28, 29.

[4] Voir GLASSON, *Hist. du Droit et des Inst. de la France*, t. VI, pages 566 et suiv.

SECTION II. — **Voies de Recours.**

Y avait-il une voie de recours contre les décisions des cours foncières ? Pour la période primitive de ces juridictions, il est bien certain que *l'apel*[1] existait en notre matière, mais avec le sens particulier donné à ce mot par le droit féodal. La procédure féodale ignorait l'appel tel que nous l'entendons, mais connaissait deux voies de recours qualifiées de ce nom. Ces deux voies étaient *l'apel de defaute de droit* et *l'apel de faux jugement*. Sans entrer dans le détail de ces divers appels, nous chercherons à établir qu'ils fonctionnèrent devant les cours foncières.

§ I. — *De l'appel pour « defaute de droit »*. — L'appel *pour defaute de droit* correspondait au déni de justice. Il y avait lieu *à defaute de droit*, lorsque le seigneur refusait de statuer sur un procès, ou lorsque le seigneur, de parti pris, faisait traîner les procès en longueur. Si *la defaute de droit* n'était pas l'appel véritable, elle s'en rapprochait par l'idée d'un tribunal supérieur auquel on pouvait s'adresser.

La *defaute de droit* se produisait devant les cours foncières comme devant les autres cours seigneu-

---

[1] Voir : *Essai sur l'Hist. du droit d'appel*. P. Fournier, thèse, Paris, 1881.

ROGIER   5

riales. Les hommes de fiefs et ceux « qui tiennent li héritages vilains de qui la connoissance appartient au seigneur [1] », pouvaient donc appeler pour *defaute de droit*.

La procédure de la *defaute de droit* pour les cours foncières, variait suivant qu'il s'agissait d'hommes de fiefs, ou de possesseurs de tenures roturières. Ceux qui tenaient un fief devaient : 1o ajourner le seigneur pour se faire rendre justice ; 2o l'ajourner avec deux de leurs pairs [2] ; 3o le sommer à trois reprises différentes, espacées chacune de quinze jours.

A la troisième reprise, la plainte était portée devant la cour du suzerain [3]. Les possesseurs d'héritages vilains, comme nous l'avons déjà vu : « poent plus briement sommer lor segneur de defaute de droit, que ne font li home de fief [4] ».

Les censitaires devaient faire trois sommations, mais il n'était pas nécessaire de les espacer de quinzaine en quinzaine.

L'ajournement par pairs ou co-tenanciers n'était pas obligatoire et l'on pouvait remplacer ceux-ci « par de bonnes gens qui en puissent porter tesmongnage en tems et liu ». La raison de la différence de

---

[1] RIVIÈRE, *Institutions de l'Auvergne*, I, 462.

[2] BEAUMANOIR, LXII, 9.

[3] BEAUMANOIR, LXII, décrit minutieusement les formalités de l'ajournement, et prévoit aussi le cas où le seigneur s'absentait, pour éviter les sommations de ses hommes.

[4] BEAUMANOIR, LXII, 5.

situation du vilain possesseur de tenure, et du vassal, est donnée par Beaumanoir [1] : « Et li resons porquoi li sommemens des gentix homes est plus lons que cils de cix qui tienent en vilenage, c'est par le foi que li uns pramist à l'autre à l'ommage fere... » La différence tenait donc à ce que le vassal était uni à son seigneur de fief par le lien de la foi. La procédure de la defaute de droit était donc plus compliquée devant la cour d'hommes de fiefs que devant la cour foncière censière.

Cette procédure variait encore suivant qu'il s'agissait d'une cour censière ou d'une justice seigneuriale. Beaumanoir nous dit clairement que la defaute de droit était ouverte plus facilement aux vilains *couchans et levans* [2] qu'aux vilains censitaires. La différence de traitement entre les deux catégories de vilains, provenait de ce que le vilain censitaire, était uni à son seigneur foncier par le lien de concession de sa tenure. Il semble donc que la procédure de defaute de droit devant les cours foncières, était plus compliquée que celle suivie devant les autres cours de justice.

§ 2. — *Appel de faux jugement.* — Lorsqu'un jugement avait été rendu par une cour d'hommes de fiefs, la partie qui avait perdu le procès pouvait attaquer la sentence en déclarant le jugement faux et

[1] Beaumanoir, LXII, 5.
[2] Beaumanoir, LXII, 10.

mauvais. Le faussement pouvait avoir lieu, soit par le faussement de la cour entière ou du seigneur, ou par celui du juge qui venait de prononcer, et dans ces différentes hypothèses avec ou sans vilain cas.

L'appel de faux jugement pouvait-il être ouvert devant les cours censières ? En principe, le vilain ne peut fausser le jugement. Cette règle est nettement formulée dans les *Etablissements de Saint Louis*[1] : « Nus hons coustumiers ne puet jugement froissier ne contredire. »

Pierre de Fontaine admet le même principe, mais déclare qu'il y avait des exceptions[2] : « Vileins ne puet fauser le jugement son seignor ne de ses homes s'il n'est garniz de loi privée par quoi il le puisse faire. » Quelles étaient ces exceptions ? Nous croyons que le vilain pouvait fausser le jugement, quand il avait droit d'être jugé par ses pairs. Un texte de l'ancien coutumier inédit de Picardie, que nous avons déjà cité, nous montre que les hommes de poesté d'Aisenviller furent condamnés à 60 sols d'amendes « parce qu'ils avoient fait mal jugement... » Or ce tribunal était une cour foncière.

Beaumanoir et de Fontaine, décrivent les particularités du combat entre chevalier et vilain. Le faussement de juges par combat judiciaire dut donc exister dans les cours censières où il y avait lieu à jugement par hommes. D'ailleurs, le combat judi-

[1] *Etablissements*, I, 138.
[2] Pierre de Fontaine, *Cons.*, XXI, 8.

ciaire et l'appel de faux jugement étaient fréquents dans les échevinages ruraux.

§ 3. — *Dévolution de l'appel.* — A quelle autorité judiciaire fallait-il porter l'appel des cours foncières? Il nous paraît qu'en principe l'on devait suivre la hiérarchie féodale. En matière de faussement ou de defaute de droit, les appels étaient portés au seigneur suzerain, et c'est devant la cour supérieure qu'avait lieu le combat judiciaire ou qu'il fallait [1] « monstrer raisons par quoi le defaute de droit soit clere ».

Après la disparition du combat judiciaire, nous voyons, comme dit Fournier [2], « l'appel se constituer du même coup, s'organiser, se développer en suivant l'essor que la nouvelle administration royale lui permettait de prendre ». L'appel semble suivre, ici encore, la hiérarchie féodale. C'est le principe posé par Beaumanoir, pour qui l'appel doit être porté de juridiction en juridiction jusqu'au roi. La vérité est qu'il n'y a aucune règle fixe, et que tout variait d'une région à l'autre, ou suivant que le seigneur foncier était une comunauté religieuse, ou un seigneur laïque. Mais en général, l'appel de faux jugement ou de defaute de droit d'une cour censière, devait être porté devant les hommes de fiefs [3]

[1] BEAUMANOIR, LXI, 53.
[2] FOURNIER, *op. cit.,* page 168.
[3] Voir Ex. dans MARNIER, *Ancien Coutumier inédit de Picardie,* p. 2.

du seigneur suzerain. Le jugement des hommes de fiefs était soumis à l'appel du seigneur suzerain, parfois même à un seigneur haut justicier. D'autres fois, le roi connaissait de l'appel, soit par ses baillis[1], soit directement par le Parlement. Il est donc impossible de donner pour cette période des règles fixes.

[1] Dans les Olim, I, p. 370 § 16 (année 1270), nous voyons se dérouler un cas de justice foncière jusqu'à l'appel inclusivement. A ajourne B devant « curiam capituli » « de quandam censiva movente ab eadem ecclesia Sci Aniani Aureliensis ». La cour *(curia capituli)* condamne B. B. fait appel devant le bailli d'Orléans, lequel confirme le jugement « in pleno assisia et ad curiam capituli remisit ». Voir encore Olim II, 291, n° 7 (année 1289). Appel porté au Parlement.

LIVRE II

DEUXIÈME PÉRIODE
Du XIVe siècle à la rédaction des coutumes.

CHAPITRE PREMIER

§ 1. — *La juridiction foncière privée du jugement par les pairs, devient purement fiscale.* — La seconde période des justices foncières qui pourrait prêter à de longs développements (les textes abondent en effet, où il est fait mention de ces juridictions), ne nous arrêtera pas longtemps. L'institution s'y trouve en effet déformée, presque méconnaissable. Il ne reste de cette juridiction, dont nous avions signalé l'importance ancienne, beaucoup trop méconnue, que l'ossature.

« Au moyen âge, écrit Viollet[1], toute institution vivante porte en soi sa justice ». Le fief qui la possédait dans une certaine mesure, et qui avait été créé dans un but de protection sociale, perd à notre époque cette fonction d'utilité sociale, pour devenir un instrument fiscal. La justice foncière qui l'accompa-

[1] VIOLLET, *Hist. des Inst. polit.*, tome II, page 453.

gnait se transforme. Elle ne sert plus qu'à permettre au seigneur féodal, de percevoir, par son office, les droits et profits de son fief, c'est-à-dire les seuls avantages de la tenure féodale ou censière.

On peut comparer le régime féodal dans la période monarchique à quelque vieil édifice de style composite, qui n'attesterait sa splendeur ancienne, que par sa façade sculptée et merveilleusement décorée, mais témoignerait de sa décrépitude et de son écroulement prochain, par de nombreuses lézardes. Les justices foncières ont suivi le sort du régime féodal, elles existent encore au XVIIe siècle; ce sont les vieilles parties de l'édifice ayant résisté à la suite des temps, mais dont on ne s'explique ni l'origine, ni même l'utilité, et qu'on ne considère qu'à cause de leur étrangeté.

§ 2. — *Cette transformation restreint considérablement l'étendue de cette juridiction.* — Dans cette deuxième période, nous n'envisagerons plus les justices foncières au triple point de vue de l'organisation, de la compétence, et de la procédure, car la transformation qui s'est opérée dans ces juridictions ne permet plus de les considérer comme de véritables tribunaux. Limitée aux seules redevances, la justice foncière est devenue purement fiscale.

De l'ancienne compétence, il ne reste plus que le droit, pour le seigneur féodal ou censier, de se saisir de la tenure en cas de non paiement des redevances.

« De consuetudine Franciæ, dit Joannes Faber[1], do-
mini directi pro eorum censibus habent facultatem
saisiendi et wadiendi. » Il n'y a donc plus de tribunaux véritables, car le fait de savoir si la redevance
a été payée on non, ne donne plus lieu à un débat
judiciaire. C'est un fait matériel dont la constatation
est des plus faciles. Plus d'assises périodiques, ou à
intervalles rapprochés, le seigneur n'a en effet à exercer sa juridiction que lorsque son vassal ou censitaire
ne s'acquitte pas de ses devoirs. Plus de procédure,
puisqu'il n'y a plus d'instances, mais de simples voies
d'exécution, accomplies *d'autorité privée :* la saisie
féodale ou censuelle.

§ 3. — *Epoque de cette transformation.* — A quelle
époque remonte cette transformation, en d'autres
termes, quelle sera la date précise de notre période ?
Point obscur, car la transformation ne s'accomplit
pas brusquement, mais insensiblement. L'évolution
fut lente en certaines régions, se précipita dans
d'autres où les justices foncières disparurent tout à
fait ; et tout ce mouvement dû à des causes multiples
ne peut être perçu que difficilement, tant il y a de
confusion, d'obscurités, d'équivoques, sur les termes,
comme sur les principes. La place est donc large
ici pour les conjectures. Assignons néanmoins,
comme point de départ de cette seconde période, le
XIVᵉ siècle.

[1] Faber cité par DELALANDE. — *Comment. de la Cout. d'Orléans,* sous l'art. 103.

CHAPITRE II

§ 1. — *Développement progressif du caractère fiscal.*
—. Les seigneurs ne tenaient, en général, à la justice
qu'à cause des profits que son exercice leur procu-
rait. Il en était de même, nous venons de le dire, des
justices foncières dont la véritable utilité aux mains
du seigneur de fief ou de censive, était de pouvoir
contraindre de son *autorité privée*, le vassal ou censitaire à s'acquitter de ses droits. On comprend dès
lors que, dans l'effondrement lent et progressif des
justices seigneuriales et féodales, les justices foncières
se soient maintenues très longtemps, limitées dans
leur compétence à ce qui était, en réalité, l'essentiel.

Au xiiie siècle, la justice foncière, bien qu'affaiblie
déjà, et placée en quelque sorte dans l'ombre à cause
de l'éclat des justices seigneuriales justicières, se
rencontre encore avec sa compétence première. Le
Livre de Jostice et de Plet[1], qui passe à bon droit pour
un coutumier Orléanais rédigé par quelque praticien
ou bailli comme Pierre de Fontaine, la signale avec
sa compétence primitive dans le passage suivant :
« Et se je ne suis de sa juridiction, fors de la propriété
del foiz (fief), de la chose pot il prandre por le fet de

---

[1] *Livre de Jostice et de Plet*, XIX, 26, § 2.

mon cors? Nenil. » Beaumanoir[1], qui y fait plusieurs
allusions, déclare que : « Cascuns doit défendre son héritage par devant le segneur de qui il muet. » C'est
donc toute la tenure qui sera justiciable de la cour
foncière. Mais le côté fiscal de cette juridiction apparaît dès cette époque comme le seul important. Déjà
en 1207, dans une charte d'Enguerrand de Coucy[2],
appelée « la paix de la Fère », cette justice est désignée sous le nom de *justitia de fundo terræ et de capi-
tali* (chef cens).

Au XIVᵉ siècle, Boutillier[3], énumérant les attributions des justices foncières, dit qu'elles se ramènent
à connaître de « vest et desvest des terres tenues en
cens et du debat sur ce si aucun droit en sourdoit ».

§ 2. — *Confusion des justices foncières et des basses
justices.* — De même les anciennes coutumes de
l'Anjou et du Maine, publiées par Beautemps-Beaupré[4], consacrent plusieurs passages à la justice foncière. Nous nous y arrêterons quelque peu, car elles
montrent bien la transformation et la confusion qui
se sont établies en notre matière : « Ilz sont troys
manières de juridictions c'est assavoir haulte,

---

[1] BEAUMANOIR, ch. L, *Des bones viles*, nᵒ 15.

[2] Citée par BRODEAU, *Comment. sur la Coustume de Paris*,
tome I, page 557. Edit. de 1659.

[3] BOUTILLIER, *Somme rural*. Edit. Charondas, 1621, livre I,
titre 84, page 490.

[4] BEAUTEMPS-BEAUPRÉ, *Cout. et inst. d'Anjou et du Maine
antérieures au XVIᵉ siècle*, tome I.

moyenne et basse..... a la basse juridiction appartient justice foncière [1]. » Mais si on poursuit la lecture du texte, il est bien difficile déjà de reconnaître
la justice foncière telle que nous l'avons décrite, car
lui appartient « la congnoissance des simples
demandes qui ne portent que la loy d'amende de
leurs hommes levans et couchans, l'espaves foncière
et autres choses... ». L'énumération des droits du
seigneur foncier nous montre celui-ci comme un véritable seigneur « justicier ». « Le seigneur foncier qui
a en son fié justice foncière, a l'epave foncière, c'est
assavoir l'aubernaige du fons quand elle y eschet;
la petite coustume appellée levaige des denrées ven-
dues et detaillées, levées et transportées hors d'icelui
en son fief comme de blé et de vin, de bestes et
autres denrées... Les espaves des avectes... appartiennent au seigneur de fié qui a justice foncière. »

La confusion est d'ailleurs complète entre la basse
et la justice foncière : « Laquelle basse justice, foncière et simple voyerie, est tout ung. » Pourtant, au
milieu de cet enchevêtrement d'attributions, on peut
encore reconnaître là l'ancienne juridiction foncière :
« Lesditz bas justiciers pour leurs devoirs non payez
ont ventes, amendes et autres causes plusieurs. Et
aussi à la requeste de parties povent saisir et dessaisir la chose tenue d'eulx. Ont la congnoessance de

---

[1] BEAUTEMPS-BEAUPRÉ, *op. cit.*, tome I, *Coustumes d'Anjou
et du Maine intitullées selon les rubriches de Code*, 1437, titre
VI, n⁰ 339.

faire mectre bournes entre leurs subgetz par les lieux que les parties ou les savans du pays pour le débat des parties adviseront [1]. »

Plus tard, Boerius [2], dans ses *Décisiones*, examinant la question de savoir si l'aliénation d'une terre n'entraine pas celle de la justice, décide : « Nec tale jus directi dominii importat aliquam juridictionem et si fuerit concessus census et reditus regulari debet solum ad congnoscendum inter praebentes census et reditus ratione illorum et non contractuum aut excessuum. » Voilà ce qu'est devenue la justice foncière à la veille de la rédaction des coutumes.

§ 3. — *La justice foncière ainsi limitée et confondue ne s'explique plus.*— Mais déjà dans certaines régions la juridiction foncière, même ainsi restreinte, avait paru inutile, et n'était plus exercée par le seigneur de fief ou de censive. Dans le *Grand Coutumier de France* [3], tout un chapitre est consacré à cette justice foncière. Elle consiste à : « Avoir cens sur ses subjetes qui est dit chef cens ou menu cens, de tournois ou de maille, ou de gros cens comme de vingt sols aucunesfoys de trente, mais non mie grosse rente, car elle n'est pas de telle nature... Et peult avoir ser-

---

[1] *Usages stilles et communes observances des Païs d'Anjou et du Maine*, n° 4, dans BEAUTEMPS-BEAUPRÉ, *op. cit.*, tome I.

[2] Texte cité par ESMEIN, *Cours élémentaire*, page 414. Boerius *decisiones* qu., 227, n° 12.

[3] *Grand Coutumier de France*, livre IV, ch. XI, page 645. Edit. Laboulaye.

gent pour executer sur son fons, et siège d'une forme
ou d'une table pour recepvoir ses cens et peult avoir
droit de chantellage et de rouage. Toutefois justice
foncière de soy ne l'emporte pas. »

On le voit, la justice foncière n'entraine plus un droit
de juridiction véritable, elle permet seulement au seigneur foncier d'ordonner la saisie de son autorité privée, d'y procéder même. Mais la saisie faite « il ne
peult pas faire crier la maison pour cause de son cens
non paié, mais requerir au hault justicier ». Nous voilà
loin de la justice foncière féodale primant la juridiction seigneuriale. Non seulement elle cède le pas,
mais elle abdique complètement ses droits en faveur
de cette juridiction envahissante.

CHAPITRE III

Causes de cette transformation.

§ 1. — A. *Disparition du principe du jugement par les pairs.* — B. *Rivalités des juridictions féodales et seigneuriales.* — Dans tous les textes que nous venons de signaler, il n'est plus question de jugement par les pairs. Cette première constatation n'est pas sans importance. Il est, en effet, bien certain que la disparition du jugement par hommes dut être, pour les juridictions foncières, une des causes les plus actives de leur désorganisation. Tant que les hommes de fiefs venaient siéger, cette juridiction, de par son origine, avait sa raison d'être. Le seigneur y assignait le vassal et le censitaire en cas de contestations, à propos de leurs tenures. Le vassal et le censitaire pouvaient, d'autre part, devant ce tribunal, donner la preuve de l'accomplissement de leurs devoirs ; ils trouvaient une garantie précieuse contre la violence et la rapacité de leurs seigneurs, dans l'organisation même des cours foncières.

Le jugement par hommes disparu, le vassal et le censitaire n'y portèrent plus, naturellement, les litiges nés à l'occasion de leurs tenures. La compétence du seigneur foncier en fut restreinte, sans que celui-ci ne cessât d'y poursuivre son vassal ou censitaire, pour les obligations auxquelles ils étaient tenus. Comme le seigneur de fief exerçait, le plus souvent, la justice à titre justicier, il ne souffrit pas de cette transformation qui ne modifiait en rien son pouvoir. Et l'on s'explique ainsi la confusion très fréquente qui se fit à cette époque, entre les juridictions foncières, et les juridictions justicières.

Nous n'entrerons pas dans le détail des rivalités entre seigneurs justiciers et seigneurs fonciers. Elles varièrent beaucoup d'intensité et de gravité de régions à régions. Elles furent, d'ailleurs, dominées par la lutte sourde et incessante, entreprise par la royauté, contre toutes les juridictions seigneuriales ou féodales.

§ 2. — *Incompatibilités des cours foncières et des justices royales.* — Sans rappeler les moyens employés par la royauté pour combattre les juridictions féodales, ou seigneuriales, il nous appartient de donner les principales raisons de l'incompatibilité des justices royales et des justices foncières. Ces dernières devaient fatalement disparaître dans la lutte entreprise par la royauté contre les juridictions seigneuriales.

La justice foncière était, avant tout, une juridiction privée, puisqu'elle reposait sur le régime du contrat. Elle différait, sur ce point, de la justice justicière. Tandis qu'un seigneur féodal ne pouvait, sans l'usurpation ou la concession, devenir justicier, il pouvait, en concédant une tenure (fief ou censive), créer une justice foncière[1].

Cette notion de la justice ne pouvait subsister en face de celle qui, dans tout état civilisé, considère la justice comme un attribut de la souveraineté.

Le développement des justices royales contribua particulièrement à la restauration de l'idée de la justice, considérée comme attribut de l'Etat. La fonction de juge fut considérée comme essentielle par la royauté. « Rex est judex simpliciter et generaliter sine contestatione et determinatione et restrictione[2]. » Suivant une belle expression, « il est le grand debteur[3] de justice ». Les légistes et les juges royaux qui n'accueillaient le droit romain qu'avec hostilité en tant qu'il menaçait l'existence de la Coutume, « se gardaient de le répudier lorsqu'il s'agissait d'étendre leur autorité ou de fortifier le pouvoir du roi[4] ».

Or, le droit romain repoussait l'idée d'une justice établie par les conventions des particuliers. Les justices seigneuriales justicières, démembrements inféodés de la puissance publique, étaient battues en brèche également par la royauté; mais elles pou-

[1] Voir ESMEIN, Cours élémentaire, pages 413 et suiv.

[2] ARCHIVES LÉGISLATIVES DE REIMS, 1re partie, Coutumes, page 85. — Voir également VIOLLET, Inst. polit., pages 209 et suivantes.

[3] Cité par VIOLLET, page 209, d'après Instructions pour les ambaxadeurs des princes dans G. DE BEAUCOURT, Chronique de Mathieu d'Escouchy, III, page 70.

[4] GLASSON, Hist. des Institut. de la France, tome VI, page 165.

vaient à la rigueur se maintenir et se concevoir en
face des justices royales, car il suffisait de les considérer comme s'exerçant en vertu de concessions.
Aussi se maintinrent-elles à ce titre. Il était impossible d'assigner aux justices foncières cette origine,
puisqu'elles prenaient naissance dans des contrats
passés entre particuliers.

§ 3. — *Théorie de la saisine royale.* — La théorie
de la saisine générale du roi, seigneur de tout le
royaume, devait aussi permettre d'attribuer aux
juges royaux la connaissance de toutes les contestations concernant la saisine. Et c'est en effet ce que
l'on peut constater déjà dans les Etablissements de
Saint-Louis [1].

« Be aucune joutise a à marchir au roi, de quelque
joutice que ce soit, soit de heritage ou de seigneurie,
ou d'autre chose, li rois por le débat, pandra la
chose en sa main et esgadera droit à soi et à autrui,
car li rois n'anporte pas saisine d'autrui, mais l'en
l'anporte de lui, selonc l'usage de la cort de baronie.»
Et dans un autre texte [2] : « Car l'en emporte saisine
du roi, non pas li roi d'autrui, si come nous avons
dit dessus; car li rois n'a point de souverain es choses
temporiex, ni il ne tient de ne lui que de Dieu et de
soi; ne de son jugement l'en ne peut appeler que à

---

[1] *Etablissements*, ch. III, livre II. Edit. VIOLLET, tome II,
page 333. — Comparer : *Usages d'Orlenois*, § 2.

[2] *Ibid.*, livre II, ch. XIV, tome II, page 370.

Dieu, car cil qui en apeleroit ne troveroit pas qui li en peust droit faire. »

La justice foncière, considérée dès lors comme une anomalie, était condamnée à disparaître ; aussi, au moment de la rédaction des coutumes, les rédacteurs de plusieurs d'entre elles trouvèrent plus simple de n'en plus faire mention.

LIVRE III

TROISIÈME PÉRIODE

De la rédaction des Coutumes à la Révolution.

CHAPITRE PREMIER

---

§ 1. — *Les coutumes peuvent se classer en trois catégories.* — Restreinte à la connaissance des seuls droits auxquels donnait lieu la tenure, la justice foncière survécut à la rédaction des coutumes, expressément ou virtuellement. On la rencontre, en effet, signalée dans bon nombre de coutumes sous des noms très divers: justice foncière [1], justice fon-

---

[1] Cette juridiction foncière est, en effet, signalée dans un grand nombre de coutumes. *Lille*, 32, t. I, *de jur.*; *Artois*, titre I, art. 1, 2, 3, 9 (anc.), 16 (nouvelle); *Beauquesne* (1509), 3, 4, 9; *Ponthieu*, titre VI, 83, 92; *Saint-Riquier*, V; *Saint-Omer*, 1; *Laon*, ch. V, 43; *Vermandois* (1556), 119, 120, 126, 131, 135, 136, 137, 138; *Reims*, 144, 165, 169, 174, 177; *Clermont*, ch. XV, 5, XX, 17, 18; *Sedan*, 259; *Bouillon*, ch. XXVII; *Luxembourg* (1623), 50, 51; *cité de Metz*, 8; *Bar*, titre IV, 49, 56; *Saint-Mihiel*, 25; *Bassigny*, titre III, 23; *Sens* (1506), 18, 19, 20, 21, 22; *Auxerre*, ch. IV; *Chateauneuf-en-Thimerais*, ch. XX, 142; *Chartres*, XX, 111, 109; *Grand Perche*, art. 24; *Maine*, 33, 297; *Anjou*, I, 12, 13, 61; *Poitou*, titre 1, 14, 37, 64; *Angoumois* (1514), ch. I, titre 12, 35, etc.

cière et domaniale[1], justice foncière en nuesse[2],
justice censière, censuelle[3], cottière[4], justice ma-
nuelle[5], justice de simple voirie[6], justice de faymi-
droit[7] ou semidroit[8], justice sur domaine congéable[9], justice pour droits et debites. Sous ces
expressions différentes, c'est toujours la même juridiction.

On peut classer les coutumes en trois catégories :
1o celles où la justice foncière désignée ou sous-
entendue existe, nettement distinguée des autres juridictions ; 2o celles où elles s'est confondue avec la
basse justice ; 3o celles enfin où elle a été reconnue
inutile et a été supprimée.

[1] Justice foncière et domaniale : *Reims*, 144.

[2] Justice foncière *en nuesse : Anjou*, 12 ; *Maine*, 13.

[3] *Meaux*, 203 ; *Auxerre*, 20 ; *Orléans*, 105.

[4] *Boulenois* (en Artois). La justice cottière et foncière sont
même chose.

[5] *Style de procéder en Normandie.*

[6] « Simple voirie ; c'est la basse justice et foncière », dit la
Cout.. de Blois, 37.

[7] Solle, titre II, art. 8.

[8] Dans l'ancienne *coutume de Touraine*, art. I. Dans la
rédaction de la *coutume de Touraine*, faite en 1460, au lieu de
semidroit, on lisait femidroit. « Lo senhor et lo pays an au-
treyat antiquement aus dits gentius homes jurisdiction de
faymidret sur lors botoys et fiavaters. » RAGUEAU, *Glossaire*,
page 356.

[9] *Usances de vicomté de Rohan*, ch. V. Cette juridiction
foncière n'appartient pas au seigneur foncier sur son
domaine congéable à Brouerec (*cout. locale*). Voir B. de R.,
tome IV, page 413.

Nous devons toutefois ajouter à cette classification des coutumes, une observation qui peut s'appliquer à la plupart d'entre elles. Cette juridiction foncière nous y est généralement signalée, comme appartenant au seul seigneur censier. En d'autres termes, la justice sur les censives semblerait avoir seule survécu, et aurait remplacé la justice foncière portant à la fois sur les fiefs et les censives. Il ne faut pas se hâter de conclure à la disparition dans ces coutumes de la justice foncière féodale. Peut être, est-il possible de remarquer que le véritable seigneur foncier était en effet le seigneur censier, sa tenure en censive lui rapportantplus de profits que la tenure en fief ; c'est ainsi que, dès l'époque de Beaumanoir, les héritages en censive valaient 1/6 de plus que les fiefs.

Tous les commentateurs de ces mêmes coutumes n'identifiaient pas le seigneur foncier et le seigneur censier, et comprenaient le plus souvent sous le nom de justice foncière la justice propre aux fiefs et aux censives. Certaines coutumes, comme celles de Poitou[1], ne restreignaient pas la justice foncière aux censives et distinguaient au contraire nettement les deux sortes de justices foncières.

§ 2. — *Coutumes où la justice est distinguée de la basse justice*. — Les coutumes et les commentateurs en général, ne donnent pas une idée très nette de la

[1] *Cout. de Poitou*, art. 17.

justice foncière ; ils la confondent, nous le verrons plus loin, le plus souvent avec la basse justice, quelquefois même la confusion est plus extraordinaire. Dans son *Commentaire sur la coutume du Bailliage de Troyes*, Louis le Grand s'exprime ainsi : « Nous devons observer que la haute justice qu'ont les seigneurs hauts justiciers qui n'ont pas les droits royaux s'appelle en cette coutume justice foncière..... » Pourtant, certaines coutumes les distinguent encore très nettement.

La coutume de Sens, par exemple, après avoir traité de la haute, moyenne et basse justice, traite à part de la *justice foncière et des exploits d'icelle*. La coutume d'Auxerre, qui suit le même plan, traite dans un chapitre IV de la justice censière. De même celle d'Angoumois[1], après avoir fait une certaine confusion, indique que ce sont deux juridictions distinctes. C'est ce que l'on peut induire de l'article 12 qui traite, en cas d'aliénation d'une chose immo-

---

[1] Il faut remarquer que même dans cette coutume, où la justice foncière est expressément mentionnée, elle se réduit à bien peu de chose. VIGIER, sur le titre I, art. XI, de cette coutume, dit que : « le seigneur de fief, s'il n'a seulement que la justice foncière, tout son pouvoir est restraint, lorsque le cas y eschet, à faire simple saisie verbale sur son seing privé et le scel de ses armes, pour la faire signifier par un sergent emprunté. Et s'il veut saisir réellement et de fait, il doit prendre commission de conforte-main de son seigneur suzerain, faire saisir et établir commissaire par un sergent du seigneur..... »

bilière, des droits du seigneur de fief, *qui sur elle a juridiction basse et foncière où l'une d'icelles seulement.*

La coutume de Meaux, article 203, dit de même : « Droit de censive n'attribue droit de justice haute, moyenne et basse, mais censuelle seulement, qui est la poursuite et actions de droits censuels dont dessus est parlé ».

Cette distinction dans certaines coutumes, pour n'être plus aussi nette, est faite néanmoins. Tel est le cas de la coutume de Lorraine. Cette obscurité a pu tromper un commentateur, Florentin Thiriat, qui, dans ses remarques sur cette coutume, publiées sous le nom d'Abraham Fabert, paraît tantôt l'admettre, tantôt le rejeter.

Enfin, alors même que certaines coutumes semblent muettes, les commentateurs reconnaissent que la justice foncière est bien indépendante des autres juridictions. C'est elle que vise Basnage : « Il y avait (dans l'ancienne coutume de Normandie) deux sortes de juridictions, l'une baillie et l'autre fieffale [1]. Elle appelait fieffale celle qu'on avait à raison de son fief : c'est la justice aux barons ; la juridiction baillie, celle qui était bailliée par le prince, comme du bailli. » Pesnelle, sur l'article 13 de Normandie, écrit plus tard encore : « D'autant qu'il n'y a pas de fief en Normandie, qui n'ait cette justice qui est inhérente ; de manière que tout seigneur de fief peut commettre

---

[1] BASNAGE, *Sur la cout. de Normandie*, tome I, p. 8.

un juge, un greffier et un prévôt, pour tenir les pleds
et gages pleds, aux fins de la manutention et jouissance de ses droits ordinaires ou casuels. »

Couart[1], commentateur de la coutume de Chartres,
où la juridiction foncière est signalée comme distincte des autres juridictions, s'exprime de la même
façon. Il cite, notamment, un arrêt de 1624 rendu
entre les officiers de la prévôté royale de Chartres,
et le chapitre dudit Chartres, qui restreignit dans les
limites qui viennent d'être décrites la justice foncière.

§ 3. — *Compétence et organisation des justices foncières dans ces coutumes.* — Chaque fois que la jurisprudence fut appelée à connaître de la compétence
des justices foncières, elle décida qu'il fallait limiter
celle-ci à la connaissance des droits utiles dus aux
seigneurs. C'est ce que nous voyons dans toutes ces
coutumes où la justice foncière est distinguée des
autres juridictions et où l'étendue de sa compétence
est également nettement précisée.

Cette compétence autorise le seigneur foncier à
condamner à l'amende, en cas de non paiement des
lots et ventes[2] (l'amende variant suivant les coutu-
tumes). Pour prévenir cette condamnation, le seigneur foncier peut exiger la présentation des contrats,

---

[1] COUART, sous l'art. 111, *Des coustumes du duché et Bailliage
de Chartres.*

[2] Voir, par exemple *Vermandois*, 126.; *Reims*, 148 ; *Bar*,
153 ; *Sens*, 5 ; *Chartres*, ch. XX, 111 ; *Poitou*, 04.

translatifs de propriété[1]. Il aura *siège en forme d'une table* pour recevoir ses cens[2]. Le défaut de paiement des cens entraîne la saisie[3]. Le juge foncier peut faire dépendre les *huysseries* et les mettre en travers de l'entrée, il peut : « empescher la débleure (coupe de blés) et fruits pendans en l'héritage redevable à payer censives et moisson, faire empescher les louages, etc. ».

L'organisation de cette juridiction foncière est des plus simples, étant donnée sa compétence restreinte. Elle consiste pour le seigneur foncier à avoir un bailli ou lieutenant, et autres officiers, pour faire les exploits que cette juridiction comporte. La procédure se bornait à la saisie féodale ou censuelle ; nous reviendrons sur ce point à propos des justices foncières du Nord.

[1] Voir, par exemple *Montfort-l'Amaury*, 48 ; *Chateauneuf-en-Thémerais*, XX, 147.

[2] *Sens*, 20 ; *Auxerre*, 22.

[3] *Poitou*, 64 ; *Reims*, 144 ; *Bar*, II ; *La Gorze*, titre III, 39 ; *Bassigny*, 23 ; *Chartres*, XX, III ; *Sens*, 21, etc.

CHAPITRE II

COUTUMES OU LA CONFUSION EST FAITE.

§ 1. — *La confusion est faite par la plupart des coutumes et même des commentateurs.* — Nous avons dit qu'un grand nombre de coutumes confondent la justice foncière et la basse justice[1]. Cette confusion est générale dans les coutumes des pays de nantissement, où les justices foncières se sont conservées avec leur ancienne compétence. Chez les commentateurs l'assimilation des justices foncières et des basses justices est faite à des degrés différents. Pour les uns, la justice foncière est un degré de la basse justice, une sorte de sous-distinction de celle-ci ; d'autres la confondent purement et simplement avec la basse justice. Certains auteurs exagèrent cette confusion. Ce sont principalement ceux qui ont combattu toutes les juridictions seigneuriales. Parmi eux se distingue surtout Loyseau, qui s'est occupé de la justice foncière considérée comme basse justice dans son *Traité des Seigneuries*, et son discours sur l'*Abus des justices de village*. Nous en ferons de nombreuses citations, car l'opinion de

[1] *Artois*, I ; *Bar*, 5-6 ; *Grand Perche*, 24 ; *Saint-Mihiel*, 125 ; *Saint-Omer* (locale d'Amiens), 13 ; *Saint-Riquier*, 2, etc.

Loyseau, toute erronée qu'elle soit sur les origines et les attributions des justices foncières, eut beaucoup de partisans. C'est ainsi qu'il explique la confusion des justices foncières et de celle des basses justices en disant que : « Les paysans voyant un juge en leur village se sont adressés à lui pour leurs plus légers différends, ceux notamment qui concernaient leurs héritages. [1] »

§ 2. — *Distinctions de Loyseau.* — Il se voit pourtant forcé de distinguer deux sortes de basses justices [2] : 1º celles qui ne connaissent que des causes légères, « limitées à connoistre seulement des matières personnelles non excédant soixante sols ». Ce sont les justices de village qui proviennent, d'après Loyseau, de concessions et non pas d'usurpation.

Mais « il y a, dit-il, une autre espèce (de basse justice) qui a été usurpée par les gentilshommes ayant des fiefs et des censives, sous prétexte qu'on a tenu autrefois, en France, que les seigneurs directs, soit féodaux, censuels ou fonciers, pouvaient de leur propre authorité saisir et mettre en leur main l'héritage dépendant de leur directe seigneurie, sans commission ou mandement de justice, ce qu'on appeloit exploit domanial... On a dit que les seigneurs directs ou très fonciers avaient une espèce de justice, pour la poursuite de leurs droits seigneuriaux, et que par

[1] LOYSEAU, *De l'abus des Justices de village.*
[2] LOYSEAU, *Des Seigneuries*, ch. X, nº 37.

les baux, concessions, ou investitures des héritages de leurs directs, ils étaient présumés avoir retenu ce droit... » Leur droit de saisir et brandonner, de condamner à l'amende, n'aurait été tout d'abord que le résultat d'une tolérance. Les juges fonciers, dans la suite, auraient élargi leurs attributions.

Loyseau appuie son système d'interprétation d'un texte qu'il attribue à Boutillier, *Titre du bas justicier*, et qui serait ainsi conçu : « Si sachez que les justiciers qui tiennent en basse justice ont seulement justice de soy faire payer de leurs rentes, et d'avoir amendes de trois sols, et autres amendes ne peuvent calengier et est cette justice appelée foncière par les coutumes. » Dans la *Somme rural*, on ne trouve ni le texte ni même le titre en question [1].

Cette confusion des justices foncières et des basses justices est encore faite au XVIIe siècle par l'abbé Fleury[2], dans son *Traité de droits publics de France* composé pour l'éducation des princes.

---

[1] Ce texte de Boutillier n'est en effet ni dans l'édition de Charondas de 1621, ni dans l'édition gothique de 1538. Cependant, Charondas renvoie à ce même titre de la *Somme rural* dans ses réponses, livre 12, R. I, feuil. 454, au verso, de l'édition de 1605 ; et Boutillier paraît en effet confondre dans le ch. 91 (p. 843, édit. de 1621) et dans le chap. I (page 14) la basse justice et la justice foncière.

[2] *Droit public de France*, de l'ABBÉ FLEURY, Paris, 1759 (rare), tome I, partie II, ch. 56. « Justice foncière ou Basse Justice réelle a lieu en très peu de coutumes ; chaque seigneur l'a en son fief ou censive pour les droits seulement. »

§3. — *Raisons de cette confusion.* — On ne peut expliquer cette confusion, que par la réunion fréquente de la basse justice inféodée et de la justice féodale foncière, entre les mains d'un même seigneur. Les principes qui permettaient de distinguer la justice féodale de la justice justicière furent complètement méconnus par ceux mêmes qui cherchèrent à découvrir les origines de ces juridictions.

Pourtant la distinction des basses justices, et des juridictions foncières, est très ancienne, ainsi que l'a montré Championnière [1]. On peut en trouver un exemple remarquable au IXe siècle dans un texte de l'année 816 [2], relatif à des Espagnols réfugiés, qui s'étaient constitués vassaux du roi. Cet acte réglait les rapports des seigneurs espagnols avec leurs vassaux. La compétence du seigneur espagnol sur ses vassaux lui donnait le droit, de présider au jugement des causes minimes (*minores causas*, soit, basse justice), et le droit de contraindre les vassaux à remplir leurs engagements : « Utatur eorum servitio... eos distringere ad justitias faciendas ». Championnière remarque avec raison que cette double compétence dérivait de deux sources : la première, délégation expresse de la puissance justicière, puisque les *minores causæ* devaient être jugées suivant la loi espagnole *more suo*, c'est-à-dire par les vicaires ou centeniers, la seconde, conséquence naturelle du

[1] CHAMPIONNIÈRE, *op. cit.*, page 409, n° 242, et page 410.
[2] BALUZE, 1, 550.

vasselage, du contrat entre le seigneur et ses vassaux.

La basse justice est encore définie par Masuer au titre *de judicibus*, de manière à être distinguée de la justice foncière.

§ 4. — *Cette confusion est impossible à la lumière des principes.* — Du reste, les commentateurs qui se souvinrent des principes ne firent pas cette confusion. Boucheul[1], sur la coutume de Poitou, après avoir distingué la justice foncière domanière, et la basse justice proprement dite, dit de la première qu'elle « est inséparablement attachée au fief pour le paiement et conservations des droits qui en dépendent; quiconque a fief est fondé d'avoir cette basse justice ou juridiction, comme un apanage de son fief, dans toute l'étendue d'iceluy. Mais, au regard de l'autre basse justice personnelle[2], la maxime ordinaire que fief et justice n'ont rien de commun est véritable; et quelque droit de fief que l'on ait, si l'on n'est pas en possession de cette basse justice, c'est-à-dire en exercice d'icelle, on ne la peut pretendre sous prétexte de cet article... »

C'est à la lumière des mêmes principes que Jean

---

[1] BOUCHEUL, sur l'art. 17 de la coutume de Poitou, nos 1 et 3.

[2] Les basses justices personnelles sont celles qui ne connaissent que des causes légères « limitées a connoistre, dit Loyseau, seulement des matières personnelles non excédant soixante sols ».

Rochette [1] dans ses *Questions de droict et de pratique*,
après avoir énuméré les divisions des justices en
haute, moyenne et basse, fait remarquer qu'on peut
y ajouter, distincte des précédentes, la justice foncière ou censière, « qui est pour la manutention des
droits féodaux ou censiers, et sont confondues, car
le seigneur censier est proprement le seigneur
direct ».

§ 5. — *La compétence des justices foncières est
influencée par la confusion faite avec les basses justices.* — Le fait de la confusion des basses justices et
des justices foncières, modifie quelque peu la compétence de ces dernières. Mais il nous faut constater,
pourtant, que la base même de cette compétence
reste telle que nous l'avons résumée dans les coutumes où la distinction est nette. La différence consiste en ce que, d'une part, cette compétence paraît
y être plus développée (surtout dans les coutumes
des pays de nantissement dont nous ne parlerons
que plus loin), et que, d'autre part, elle contient des
éléments qui ne lui appartiennent pas en propre, et
qui paraissent lui avoir été adjoints par la suite.

Dans ces coutumes, la compétence des justices
foncières est limitée à la connaissance des actions
réelles concernant les immeubles au pétitoire [2] et

---

[1] JEAN ROCHETTE, *Question de droict et de pratique*. Paris,
1613, titre V, page 239.

[2] *Anjou*, art. 1. « Basse justice, justice foncière et simple

au possessoire. Les mêmes coutumes permettent aux juges d'infliger dans les procès auxquels donnent naissances ces attributions des amendes variables [1], suivant qu'il s'agit d'un noble ou d'un roturier. Ces amendes excèdent rarement sept sols pour les nobles, et dix sols pour les roturiers.

Ces justices ont aussi connaissance de saisine brisée [2]. Ici encore, le juge peut frapper de l'amende jusqu'à concurrence de soixante sols. Il leur appartient de statuer sur tous les litiges auxquels peuvent donner naissance le bornage [3], d'y procéder elles-mêmes, ou d'autoriser à ce que l'on y procède. Le déplacement de bornes, l'enlèvement ou le bris, donnent lieu à des amendes au profit du seigneur foncier.

Le justicier foncier peut aussi, dans certaines coutumes, contraindre son sujet à *estager* [4]. L'obligation de l'estage consiste pour le censitaire à bâtir et à résider sur le fonds donné en censive.

Ces coutumes signalent encore de nombreux droits seigneuriaux appartenant au seigneur foncier.

---

voyrie qui est tout un...; 2º les bas justiciers sont fondés de cognoistre des (actions) civiles réelles concernant choses immeubles soient petitoires ou possessoires...»

[1] *Anjou*, 2.

[2] *Anjou*, 3.

[3] *Anjou*, 3; *Maine*, 297; *Metz* IX; *St-Mihiel*, 25; *Chartes du Hainaut*, ch. CXXX, 19. Dans l'art. 9 (anc. cout.) de *Boulenois*, l'amende appartient au seigneur de la terre. Dans l'art. 20 (nouv. cout.), elle appartient au haut justicier.

[4] *Maine*, 33.

ROGIER

7

C'est ainsi que ce seigneur peut partager avec le seigneur domanier, *les espaves d'avettes*[1] trouvées dans le ressort de sa justice. S'il réunit les deux qualités de seigneur foncier et domanier, les épaves lui appartiennent pour le tout. Le trésor[2] donne lieu aux mêmes distinctions.

Il est inutile de signaler tous ces droits seigneuriaux appartenant au seigneur foncier, car ils ne lui sont pas propres, et ne sont pas une conséquence de sa juridiction foncière.

La saisie féodale ou censuelle est toujours considérée comme appartenant en propre au seigneur foncier, et comme sanction des devoirs et des obligations du vassal ou du censitaire. Il faut toutefois remarquer que la saisie censuelle, dont les effets varient suivant les coutumes, se trouve dans certaines d'entre elles donner le droit au seigneur foncier de *retraire*, c'est-à-dire de confisquer la tenure[3]. C'est, on le voit, le souvenir de l'état ancien.

Nous ne parlons pas de la juridiction criminelle, qui appartient au seigneur foncier dans des limites d'ailleurs très restreintes et qui paraît n'être que le résultat de la confusion avec les basses justices, comme la plupart des autres attributions que nous venons d'énumérer.

[1] *Anjou*, 12.
[2] Voir, à cet égard, *Anjou*, 61.
[3] Voir *Cout. de la Gorze*, titre III, 39.

CHAPITRE III

§ 1. — *Suppression des justices foncières dans quelques coutumes.* — Nous arrivons à la troisième catégorie de coutumes, celles où la juridiction foncière a disparu lors de leur rédaction. Ici l'évolution est achevée. Il est facile de comprendre que ces juridictions étaient appelées à disparaître, dans les régions où les justices foncières étaient devenues de pures justices fiscales, limitées à la connaissance de certains droits seigneuriaux. Ainsi restreintes, elles devenaient inutiles. Les rédacteurs de la coutume de Valois se rendirent bien compte que ces justices foncières n'avaient plus leur raison d'être. Le procès-verbal [1] de cette coutume relate d'ailleurs pourquoi ses rédacteurs refusèrent de les faire figurer dans l'énumération des justices : « Avons remonstré aux gens desdits trois états que justice ne se divisait qu'en trois parties : a scavoir en haute, moyenne, et basse : que le seigneur foncier n'avoit aucuns officiers, estoit tenu de poursuivre son droit censuel, par devant le juge ordinaire, et que frustatoirement la dite justice foncière était couchée audit article... »

[1] *Procès-verbal de la Coutume de Vallois*, B. de R., tome II, page 814.

La coutume de Saint-Pol [1] s'exprime de la même façon : « Par la coutume générale du comté de Saint-Pol, l'homme ayant un fief et seigneurie foncière à cause d'icelle n'a Bailly, lieutenant, ny homme pour pouvoir avoir connaissance d'aucuns délits... ny pour pouvoir recevoir de saisine et bailler saisine des heritages de luy tenus. » D'autres coutumes, sans mentionner expressément cette disparition, ne reconnaissent que trois sortes de justices, et ne signalent même plus la justice foncière.

Dans un commentaire de 1584 [2] sur la coutume de Bourbonnais, Duret ne reconnaît plus l'existence de cette juridiction foncière. Bouhier [3], dans ses observations sur la coutume de Bourgogne, déclare que dans cette coutume la justice foncière a complètement disparu.

§ 2. — *Coutume de Paris.* — Avant de terminer cet aperçu très rapide de l'état des justices foncières dans les coutumes rédigées, il est intéressant de savoir si la coutume de Paris consacrait cette juridiction. A lire les articles 1, 28, et 74, il semble que cette question ne soulève aucune difficulté. L'article 74 semble très

---

[1] *Cout. de Saint-Pol*, B. de R., I, page 349. Voir aussi la *Coutume de Xaintonge*, titre IV, art. 26, qui est formelle sur ce point.

[2] JEAN DURET, *Coustumes du duché de Bourbonnais*, 1584, titre I, § IV, page 39.

[3] BOUHIER, *Observ. sur la Cout. de Bourgogne.* Ch. LI, n° 44, dans *Œuvres de jurisprudence.*

formel : « Un seigneur censier peut procéder ou faire
procéder par voye d'arrest, ou brandon, sur les fruits
pendans en l'héritage a luy redevable d'aucun cens
ou fonds de terre, pour les arrérages qui luy sont
deubs. »

Dumoulin[1], à diverses reprises, fait allusion à
cette justice foncière et reconnaît au seigneur foncier
le droit de saisie *propria authoritate.*

Pourtant, plusieurs jurisconsultes, comme Bacquet
et Brodeau, soutinrent que cette juridiction n'existait
plus dans la coutume de Paris. Bacquet[2], notamment,
soutient qu'en la prévôté de Paris il n'y a que trois
sortes de justices, haute, moyenne et basse et que
« cette quatrième espèce de justice, que certains ont
voulu attribuer à chaque seigneur féodal et à chaque
seigneur foncier... n'existe pas dans cette coutume.»
Il est pourtant forcé d'ajouter que cette juridiction
qui, d'après certains auteurs *inest fundo et censu*, a
donné lieu à des procès devant la Chambre du Trésor,
et cite deux sentences de 1560 rendues par cette
cour au profit de seigneurs féodaux et censiers. Tous
les arguments par lesquels Bacquet essaie de prou-
ver la non existence de la justice foncière se retour-
nent contre lui.

De même Brodeau[3] se refuse à considérer la

[1] DUMOULIN, voir notamment titre I, n° 1 ; et sur l'article I,
glose 4, n°s 10 et suiv., et surtout n° 18.
[2] BACQUET, *Traité des Droits de Justice*, ch. III, p. 3.
[3] BRODEAU, sous art. 74, n°s 29 et suiv.

saisie féodale ou censuelle comme patrimoniale ; elle n'est pas « un exploict domanial de jurisdiction domestique et foncière que le seigneur puisse faire sans commission de justice, c'est une mainmise qui n'opère qu'une chose, l'occupation, la dépossession, sans priver le tenancier des fruits et qui ne peut être accomplie que par l'autorité du juge ordinaire ». Pour Brodeau, suivant sa propre expression, « cette prétendüe et imaginaire justice foncière » n'existait plus.

La vérité est qu'on ne pouvait contester sérieusement l'existence de la justice foncière dans la coutume. En réalité, elle n'y figurait plus qu'en principe, les seigneurs fonciers ayant pris l'habitude de s'adresser à la justice ordinaire pour exercer leur droit de saisie.

Il en fut ainsi dès le commencement du xvie siècle. Dumoulin [1] conseillait déjà au seigneur foncier d'y recourir : « Sed brevius tutius et consultius est authoritate et mandato sui judicis, etiam fundiarii, vel alterius competentis, et per publicum executorem. »

D'Argentré [2] reconnaît aussi qu'en droit commun la justice foncière n'a plus sa raison d'être : « Nos quidem usu patrio priorem in abstracto et separatam a jurisdictionali non agnoscimus, nec ullam fundiariam separamus a contentiosa et jurisdictionali, etc. »

[1] Sur l'art. 42 de l'ancienne cout. de Paris, glose I, nos 77, 78.
[2] D'Argentré, Comment. sur la Cout. de Bretagne, glose I, art. 116.

Cette thèse, qui n'admettait même pas au profit du seigneur foncier le droit de saisir directement, passa dans la pratique et devint le droit commun de la France. De Lalande[1], commentateur de la *Coutume d'Orléans*, après avoir rappelé l'ancien droit de saisie du seigneur foncier, dit que de son temps il n'en est plus de même car : « On a jugé à propos d'y remployer le ministère de justice pour éviter aux querelles et procès… C'est pourquoi il est besoin aujourd'hui que la saisie soit faite par un sergent royal, ou par un sergent de la justice ordinaire… » De nombreux commentateurs expriment la même idée. Citons, par exemple, Bouchel, sur l'art. I de son commentaire de la *Coutume de Senlis*, et d'Harcher, dans son *Traité des fiefs sur la coutume de Poitou*. Cette juridiction foncière ne trouve même plus grâce près de ceux qui se souviennent de ses origines et de ses véritables attributions. Ricard[2], dans ses notes sur la *Coutume de Senlis*, s'exprime ainsi : « La concession de la justice à un seigneur sur ses censiers et vassaux ne donne que le droit de basse justice foncière pour le paiement de ses rentes, sans aucune attribution des causes civiles ni des délits. En effet, toutes ces justices sont odieuses et doivent être restraintes. »

---

[1] DE LALANDE, *Comment. de la Cout. d'Orléans*, sous art. 103.
[2] RICARD, sous l'art. 131 de son *Commentaire sur la Coutume de Senlis*.

De Laurière[1] signale l'évolution qui s'est accomplie d'une façon à peu près générale dans les coutumes : « Cette justice foncière, écrit-il, a été abolie presque partout, et la règle est que les seigneurs féodaux ou censiers, qui n'ont ni haute, ni moyenne, ni basse justice, se doivent pourvoir par action. » Lange[2] dira également dans sa *Nouvelle pratique* : « Quiconque a fief a-t-il aussi la basse justice dans l'étendue de son fief? Non, le fief et la justice n'ont rien de commun, comme disent nos docteurs françois, c'est-à-dire que le fief peut être sans justice. »

Au XVIIIe siècle, la justice foncière est un non sens, une anomalie. La plupart de ceux qui en parlent ne la comprennent plus. Jacquet[3], par exemple, dit qu'elle est admise dans les coutumes de nantissement, et dans quelques autres coutumes qui ne l'ont adoptée que par imitation. Singulière explication qui révèle combien les notions essentielles des justices foncières ont été faussées et dénaturées.

[1] DE LAURIÈRE, sur *Loysel,* livre II, titre 2, règle 45.
[2] LANGE, tome I, page 16, Paris, 1710.
[3] JACQUET, *Traité des justices de seigneur et des droits en dépendans,* Paris, 1764.

DEUXIÈME PARTIE

Étude des Juridictions foncières
dans le Droit coutumier du Nord de la France.

CHAPITRE PRÉLIMINAIRE

L'étude des justices foncières dans les coutumes du Nord est particulièrement intéressante. Ces coutumes, dont les caractères archaïques ne sont plus à signaler, ont conservé des traces nombreuses de la juridiction foncière telle qu'elle se trouve organisée et constituée dans sa première période. Nous la rencontrons, en effet, citée dans la plupart des coutumes de nantissement, où un grand nombre d'entre elles ont conservé le jugement par pairs.

Nous nous occuperons plus spécialement de ces dernières coutumes, car, dans celles-ci seulement, par leur organisation, par hommes de fiefs ou hommes cottiers, ces juridictions peuvent revendiquer le titre de justices foncières dans le sens étroit et primitif donné à ces mots.

Il faut remarquer que c'est surtout en ce qui concerne les censives, que cette juridiction trouve son application sous le nom de cour censière, cottière, ou même foncière. Il est vrai que, qualifiée également partout de basse justice, cette juridiction paraît avoir subi l'influence de la confusion qui s'est faite, entre la justice féodale et la justice justicière. Cette juridiction ayant hérité d'attributions criminelles, et connaissant de droits qui ne sont pas propres au seigneur foncier (forage, afforage, mort et vif herbage, etc.), il paraît à première vue difficile de dire si l'on se trouve en présence des anciennes juridictions féodales, ou de juridictions justicières. Pourtant, on ne peut se tromper que sur ces apparences, car, dès qu'on pénètre dans le détail, on s'aperçoit que ces juridictions cottières par leur organisation, et surtout par leurs attributions principales, représentent bien réellement les anciennes cours foncières.

La persistance de la justice foncière propre aux fiefs semble plus discutable. Il est en effet évident que l'expression *justice foncière* est limitée, dans ces coutumes, aux tenures roturières. Mais est-ce à dire que la tenure noble n'avait pas conservé le privilège de la juridiction spéciale du seigneur féodal par ses co-vassaux ?

Ici encore, l'étude des textes ne permet aucun doute. Les tenures féodales sont soumises à la juridiction des hommes de fiefs du seigneur, et seuls ces hommes peuvent en connaître. C'est ce qu'attestent de nombreuses coutumes locales. Il est vrai que dans les coutumes générales, des bailliages ou prévôtés par exemple, le seigneur féodal, qui juge à sa cour les litiges concernant les fiefs relevant de lui, est qualifié, la plupart du temps, de *seigneur vicomtier*. Il nous y est également signalé, comme exerçant une double série d'attributions : les unes sur ses propres fiefs pour les litiges auxquels cette tenure donne naissance, les autres de nature justicière consistant en attributions criminelles et administratives. C'est ainsi que, relativement à cette seconde catégorie d'attributions, le seigneur vicomtier[1] exerce la police rurale (dégâts causés par les bêtes, publication des bans d'août et de mars, etc.). Il est également grand voyer, préposé à la garde et à l'entretien des chemins. A ces attributions d'ordre rural, il joint celles d'inspecteur des poids et mesures. Il exerce enfin le droit d'afforage, c'est-à-dire le droit de fixer le prix de certaines denrées, et le droit de forage, qui appartenait également au seigneur foncier et qui consistait à taxer la vente des liquides.

A considérer le seigneur vicomtier dans ces dernières attributions, il semble bien que l'on soit en présence d'un seigneur justicier. Malgré ce mélange d'attributions justicières, nous croyons que la juridiction du seigneur vicomtier est bien la juridiction foncière propre aux fiefs. Cette justice foncière

[1] Le seigneur vicomtier est assimilé dans les coutumes au moyen justicier.

est, en effet, le point de départ même de la juridiction vicomtière, puisque, pour l'exercer, il faut comme condition première posséder un fief. Lorsqu'il connaissait des litiges propres aux fiefs, le seigneur vicomtier devait convoquer ses hommes de fiefs. A ce point de vue, le vicomtier, seigneur féodal et foncier, méritait notre attention.

Il nous a paru aussi que l'échevinage rural constituait un type original de cour foncière. Les coutumes locales du bailliage d'Amiens, publiées par Bouthors, nous montrent ces tribunaux connaissant des biens dits d'échevinage. Ces biens ne sont autre chose que des tenures roturières soumises au même régime civil que les censives. L'échevinage rural est un conseil mi-partie féodal, mi-partie roturier, aux attributions judiciaires et administratives très développées. Les attributions judiciaires les plus importantes, et les plus anciennes, sont celles des cours censières, puisqu'elles portent sur les litiges auxquelles donnent lieu ces tenures. Ce qui les rapproche également des justices foncières, c'est leur composition. C'est, en effet, une cour de pairs ; les échevins étant choisis le plus souvent parmi les possesseurs des tenures d'échevinage. Dans l'étude que nous ferons de ces échevinages ruraux, nous signalerons de préférence les particularités de nature à mettre en lumière leurs caractères de cours foncières.

Une difficulté de plan s'est présentée tout d'abord

sur la façon de présenter les trois aspects de l'institution dans les coutumes du Nord. Un plan qui
s'imposait à première vue, consistait à présenter à
part l'étude de chaque catégorie de cour foncière.
L'avantage était de faire de chaque sorte de nos
justices un tout homogène. Si la clarté de l'exposition bénéficiait d'un plan d'apparence logique,
nous risquions de présenter, avec une évidente mo-
notonie et des redites inévitables, des institutions
ayant entre elles les liens étroits d'une commune
origine, et d'une organisation intérieure souvent
identique. Il nous a donc semblé plus conforme au
but de cette étude, de rapprocher et de fondre, sous
les trois grandes divisions que comporte toute étude
d'une juridiction (organisation, compétence et procédure) les trois catégories de cours foncières.

LIVRE I

Organisation.

CHAPITRE PREMIER

ORGANISATION DES COURS D'HOMMES DE FIEFS ET
D'HOMMES COTTIERS.

§ 1. — *Conditions requises pour être juge à la cour
d'hommes de fiefs.* — La cour du seigneur était composée de ses hommes de fiefs. Les possesseurs de
fiefs étaient, en effet, les juges nés de toutes les
affaires qui regardaient ces biens. Seuls ils pouvaient
en connaître dans ces coutumes, où le service de
plaids pour les vassaux était resté obligatoire.

La première condition donc, pour être juge, était
d'avoir un fief. On ne demanda pendant longtemps
aucune condition de capacité ; c'est ainsi qu'il n'était
pas nécessaire pour le juge de savoir lire ou écrire.
Ils n'avaient, en effet, qu'à apposer leurs marques
ou leurs sceaux au bas du jugement qu'ils rendaient[1].

[1] Voir note de MAILLART, n° 24, sous art. I de *Cout. d'Artois.*
Le jugement contenait les noms des hommes de cour, éche-

Pourtant, à partir du 12 novembre 1687, on appliqua en Artois l'ordonnance de 1667, qui imposait aux juges l'obligation de savoir lire et écrire à peine de nullité. Pour la condition d'âge, il fallait, en principe, avoir vingt-cinq ans pour faire la fonction d'homme de fief, à moins d'obtenir des dispenses d'âges, du prince. Le jugement rendu par un juge de moins de vingt-cinq ans était non avenu [1].

Tout nouveau possesseur, héritier ou acquéreur de fief, devenait juge à la cour de son seigneur, dès qu'il lui avait prêté le serment d'usage. Voici une partie de la formule employée en pareil cas : « Semblablement vous promettez de luy faire et payer bien et leallement le service que vous luy devez de venir à ses plaids, de quinzaine en quinzaine, toutes fois que vous y serez adjournez, ou autrement selon la matière de votre fief de seoir en jugement, y juger, contribuer et faire tous les bons et loyaux jugemens à votre pouvoir et entendement avec vos frères et compagnons, celerez le secret de la court, et ne déclinerez la justice de Monsieur pour nulle chose touchant votre fief et les dependances en iceluy, se

vins, et hommes côttiers. Le sceau de chacun pendait d'un lac de parchemin ; à côté de chaque lac, était écrit le nom de l'échevin ou de l'homme de cour. Maillart dit également que, d'après un placard du 8 juillet 1531, les marques reconnues étaient aussi privilégiées que les signatures.

[1] D'ESPEISSES, tome III des *Droits seigneuriaux*, titre 5, art. 3, section 2, partic 3, n° 12.

n'est par appel, en deffaut de droit[1]. » Le serment
prêté, le nouveau possesseur de fief était juge à la
cour de son seigneur, mais il était dans l'usage, pour
le vassal devenu juge, d'offrir un dîner de bienvenue
à ses pairs et compagnons ; ce repas s'appelait *cuiret*. La sanction pour le vassal récalcitrant était
très sévère, c'était la saisie du fief. Les effets de cette
saisie, duraient tant que le vassal n'avait pas réuni
ses compagnons à sa table. Desmazures[2] nous signale cette obligation d'offrir le repas existant en
Artois, bien que n'étant pas inscrite dans la coutume : « Après la foy et hommage, le nouveau vassal
doit payer le cuiret, c'est-à-dire donner le banquet
ou récréation aux hommes de fiefs et officiers de la
cour féodale de son fief ; bien ce droit ne soit pas
établi par la coutume et advenant que le nouveau
vassal en soit refusans il se trouve sommé de venir
servir son fief en personne avec ses pairs et compai-
gnons, aux plaids d'icelle Cour, à peine de la Saisie
de son Fief... » Mais elle était par contre inscrite dans
certaines coutumes locales : « Item est tenu le nouvel
homme, par lasdite coustume, payer à ses pers et com-
paignons hommes de fiefs un pas raisonable qui se
nomme cuiret à pareille peine que dessus[3]. » Cette

---

[1] BOURDOT DE RICHEBOURG, *Coutumier général*, tome I,
page 43.

[2] DESMAZURES, *Remarques et observ. sur Cout. d'Artois*, Ms.
187-193. *Bibliothèque Munic. de Lille*, tome II, fol. 633 et 34.

[3] BOUTHORS, *Cout. loc.*, II, page 376, 6, *Cout. de Lillers*.

peine est, en effet, fixée à l'article précédent, c'est la
saisie.

§ 2. — *Service de plaids*. — L'obligation de venir
juger s'appelait service de plaids. Ce service était
resté obligatoire. L'exercice de la justice était une
charge imposée aux propriétaires (*Artois*, art. 31 ;
Lille, 44, titre I ; *Cambrésis*, titre I, art. 57 ;
Bailliage d'Amiens, 186, etc). Cette charge était
imprescriptible. L'art. 31 de la *cout. d'Artois* nous
dit que le vassal ne pouvait prescrire la *haulteur
de la justice*. Bauduin et Maillart entendent par
là « l'obligation de service à la court de son seigneur ».

L'homme de fief, en principe, devait se présenter
en personne à la cour de son seigneur, quand il était
sommé et requis, à moins qu'il n'eût une cause légi-
time d'excuse agréée par la cour, telle que la maladie,
ou l'absence. Il ne pouvait, anciennement, se faire
représenter, et cet ancien état de choses a laissé des
traces dans beaucoup de coutumes (anc. art. 75,
bailliage d'Amiens et nombreuses coutumes locales)
où l'expression « service en personne » atteste qu'on
n'admettait pas de remplacement. La *coutume de
Boves* dit notamment : «... Tous les tenans féodaux
de ladite chastellenye de Boves sont tenus de servir
les plaids dudit seigneur de Boves en leurs propres
personnes quand ilz sont suffisamment adjournez[1].»

---

[1] Sur l'obligation du service de plaids obligatoire en

Cette obligation du service en personne fut considérée comme trop rigoureuse et l'on permit aux juges de se faire remplacer par procureurs[1] ou par *commis responsible*[2]. Ce commis responsible devait être, dit Patou, de bonnes mœurs et réputation.

Le refus de servir les plaids entraînait pour le vassal la saisie de fief « faute de devoir non fait[3] ». Cette saisie, qui n'autorisait pas le seigneur à faire siens les fruits, durait autant que l'homme de fief se refusait à accomplir ses devoirs. Les plaids se tenaient à jour fixe, de quinzaine en quinzaine, au siège du seigneur[4]. Quand les hommes de fiefs relevaient d'une abbaye, ce qui arrivait très souvent dans ces régions du Nord, ils se rendaient au siège même de cette abbaye.

personne, voir notamment dans BOUTHORS, *cout. loc.*, tome I. *Cout loc. de Gamaches*, p. 396, art. 6; *Saint-Valery*, p. 425, art. 5; *Favières*, 488, art. 15; *La Ferté-Saint-Riquier*, p. 495, art. 1; *Neully-Ledien*, p. 506, n° 2; *Saint-Riquier*, page 511, n° 2; *Forestmontier*, page 490, art. 1, etc., tome II; *Garghetel*, p. 407, art. 5, etc.

[1] *Cout. du bailliage d'Amiens*, 186.

[2] *Lille*, art. 44, titre I *de juridiction; Cambrésis*, art. 57, titre I.

[3] Outre les coutumes d'*Artois*, de *Lille*, voir *Cout. Bailliage de Lens*, art. 6. Cf. *Cout. de Pays de l'Angle*, BOUTHORS, II, p. 692, 36. Il existe une seconde rédaction de cette coutume décrétée à Bruxelles le 25 juin 1586. C'est celle qui figure dans le *Cout. gener.* de BOURDOT DE RICHEBOURG.

[4] Voir les nombreuses coutumes citées plus haut.

Le défaut d'assistance, comme le refus du service de plaids, était l'objet d'une sanction. Le vassal qui omettait de venir à la cour, était puni d'une amende qui variait suivant les coutumes. Cette amende était quelquefois de soixante sous, de dix sous, six sous, ou même encore de deux sous[1].

Le service de plaids n'était pas dû par tous les hommes de fiefs à la fois. Ils étaient appelés à tour de rôle, suivant un ordre dressé par le bailli ou son lieutenant. Pour l'Artois, un placard de la gouvernance d'Arras, du 14 décembre 1546, et un règlement du 2 novembre 1700, étaient spéciaux à la matière[2].

§ 3. — *Composition de la cour.* — *Commencement de cour.* — *Emprunt d'hommes.* — La cour du seigneur était donc composée des hommes de fiefs. Il en fallait au moins trois[3] pour rendre un jugement. Quelquefois même, on exigeait la présence de quatre hommes. Il y avait pourtant des cas où deux hommes, avec le seigneur, suffisaient pour former la

[1] Exemple d'amende de 60 sous, *Saint-Valéry* cité plus haut; *Neully-Ledien*, cout. citée, amende de 10 sous; *Boves*, cout. citée, 6 sous; *Favières*, cout. cit., 5 sous; *Saint-Riquier*, id., deux sous; voir dans Bouthors, tome I, *Corbie*, p. 282-9; *Villers-Bretonneux*, page 314, art. 8.

[2] Voir Maillart, note 4 sur le *Comment: de Gosson*, de la cout. *d'Artois*, page 205.

[3] Voir *Lille*, titre I, art. 33.

cour[1]. Ceci arrivait surtout en matière de saisie féodale.

Tous les hommes de fiefs n'étaient pas indistinctement aptes à juger leurs pairs. Les parties pouvaient récuser[2] 1o ceux qui étaient mineurs, aliénés, excommuniés ou frappés d'infirmités ; 2o ceux qui étaient proches parents, ou ennemis des parties.

Le seigneur qui n'avait qu'un homme de fief, était dit *avoir commencement de cour*. Il lui était impossible de rendre la justice avec son seul homme ; aussi lui fallait-il compléter sa cour. Il n'y avait primitivement pour le seigneur qui se trouvait dans ce cas, qu'un moyen de constituer son tribunal : c'était l'emprunt d'hommes au seigneur dont il relevait. Ce moyen, en quelque sorte classique, nous est signalé par Beaumanoir[3] : « S'aucuns a poi d'ommes à fere jugement en se cort, il doit requerre au segneur de qui il tient qu'il li prest de ses homes qui sunt si per ; et li sires le doit fere... » Ce procédé, le plus ancien en date, s'était perpétué dans les coutumes du Nord où le jugement par homme était admis[4].

---

[1] Voir MAILLART sous l'art. 33 d'*Artois* et *Cout. de Lille*, art. 5, titre des plaintes à loi, et les art. 20, 21, 22, du titre des matières d'exécution.

[2] Voir LUCHAIRE, *Manuel des Institutions françaises*, p. 202.

[3] BEAUMANOIR, LXVII, 3. Voir également sur ce sujet BEAUMANOIR LXII, 11-12, page 416 ; PIERRE DE FONTAINE, *Cons.*, chapitre XXI, 40 ; BRUSSEL, *Nouvel Examen de l'Usage des Fiefs*, chap. XV, 1, page 270.

[4] Voir pour les emprunts : *Montreuil-sur-Mer* (Prévôté 1507)

La *Coutume de Boulenois*, art. 17, s'exprime ainsi. « Et par ladite Coutume, un seigneur ayant trois hommes de fiefs, a commencement de Cour, et peut exercer la justice es metes de son fief, en empruntant de son seigneur supérieur deux de ses hommes de fief en demandant lesquels il est tenu luy bailler. »

Parfois cet emprunt était autorisé, non seulement quand il y avait un homme de fief dans la dépendance du seigneur, mais aussi lorsque le seigneur n'avait qu'un homme disponible [1] : par exemple, si ses autres vassaux étaient absents ou malades, ou s'il y avait urgence à ce que la cour se réunisse. Le seigneur ne pouvait les emprunter qu'au seigneur dont il relevait lui-même. Il ne lui était pas permis de les emprunter à un de ses compagnons relevant du même seigneur que lui. Pourtant la *coutume de Montreuil* faisait exception à cette règle [2].

Le seigneur dominant à qui l'emprunt était demandé ne pouvait refuser à son vassal les hommes que ce dernier lui réclamait. « Le seigneur dominant, dit Maillart [3], est obligé de fournir à son vassal

---

art. 50; *Beauquesne* (Prévôté, anc. cout.) art. 6. Dans les coutumes du *bailliage de St-Omer*, discordantes à Montreuil, l'art. 15 déclare qu'il n'y a commencement de cour que quand il y a trois hommes de fiefs. — *Artois*, 33, *Cout. de Lille*, art. 33, titre I de jurisdiction.

[1] Voir sur ce point : PATOU, *Commentaire de la Cout. de Lille*, t. III, page 111. Notes sous l'art. 33.

[2] *Montreuil (Coutume loc.)*, 1507, art. 50.

[3] MAILLART, *Comment. de la Cout. d'Artois*, page 474, n° 6.

autant d'hommes que ce vassal en requiert pour exercer sa justice. »

Les nouveaux juges désignés, ne pouvaient refuser de servir dans la cour d'un seigneur dont ils ne dépendaient pas. Le service accompli par eux dans la cour du seigneur qui les empruntait, leur était compté comme service rendu à la cour de leur seigneur suzerain[1]. C'est ainsi qu'ils étaient appelés à l'une et à l'autre cour, par exemple de quinzaine en quinzaine, quand tel était le délai entre deux services de plaids. De sorte que si on les avait envoyés desservir les plaids dans la cour du co-vassal, ils ne pouvaient être obligés de les desservir dans la cour de leur seigneur que la quinzaine suivante.

Il faut remarquer que, s'il y avait appel à la cour du seigneur dominant, du jugement rendu à la cour du vassal à l'aide des hommes de fiefs qu'on lui avait prêtés, ces hommes empruntés ne pouvaient plus participer au jugement d'appel[2].

§ 4. — *Accroissement de cour par abrègement de fief.* — Le second moyen pour le seigneur qui avait commencement de cour de l'accroître, consistait pour lui, à donner son fief à bail[3]. Ce moyen, postérieur

---

[1] MAILLART, *Comment. de la Cout. d'Artois*, page 474, n° 7.

[2] Voir MAILLART, sous l'art. 33, d'*Artois*, n° 8; et PATOU, t. III, page 111, n° 6.

[3] Voir, sur ce point, *Artois*, 32; *Lille*, art. 34, titre *Jurisdiction*; *Cambrésis*, titre I, art. 75; *Boulenois*, art. 18.

au premier, n'apparut que lors de la seconde rédaction des Coutumes. C'est ainsi que pour les coutumes
d'Artois, ce procédé n'était pas signalé dans l'ancienne rédaction de 1509, mais se trouve au contraire désigné dans l'article 33 des coutumes de 1544.
Les coutumes qui signalent ce procédé indiquent
deux conditions essentielles pour pouvoir accroître
sa cour par ce moyen : 1o être vicomtier; 2o avoir
un ou plusieurs hommes de fiefs. Ces conditions se
ramenaient à une seule, puisque l'on était vicomtier
dès que l'on avait un fief dans sa mouvance.

Il suffisait donc d'avoir un seul homme, mais il
fallait, suivant l'expression des commentateurs, que
cet homme fût *féodal* [1], c'est-à-dire homme de fief.
Lorsque le seigneur avait un nombre d'hommes
suffisant pour organiser et exercer sa justice, et qu'il
voulait avoir une cour composée d'un grand nombre
de juges, il pouvait encore en créer par ce moyen,
car les coutumes ne limitaient pas l'exercice de ce
droit. Le seigneur pouvait créer des hommes ou
héréditairement, ou viagèrement (art. 34, titre I, *Cout.
de Lille*). Héréditairement lorsqu'il aliénait pour toujours une partie de son fief, et viagèrement lorsqu'il
ne donnait partie de son fief que pour la vie durant
de celui à qui il l'accordait. La coutume de Lille et
celle du Cambrésis (art. 75, titre I) limitaient au tiers
du fief la faculté d'aliénation. La coutume de Lille [2]

---

[1] Voir PATOU, sous l'article 33, titre I de la juridiction.
[2] *Lille*, art. 34, titre I *de juridiction*.

autorisait le seigneur, qui voulait donner ce tiers, à
« employer le gros de son fief, ou les rentes seigneuriales qui lui étaient dues, ou les rejets, flegards[1]
et chemins, etc., qu'il érigeait ainsi en arrière-fief.
Pour fixer ce tiers dont le seigneur pouvait disposer
en accroissement, il ne fallait pas seulement considérer le gros du fief, mais tout ce qui en faisait partie
(rentes, mouvances, chemins, flegards). Les coutumes font toutes observer, qu'il n'était pas besoin
du consentement du seigneur dominant pour l'aliénation dans les limites où elle était permise.

§ 5. — *Accroissement par création d'hommes de fiefs
de plume.* — Enfin le seigneur avait encore un dernier moyen d'accroître sa cour, quand il ne voulait
pas recourir à l'emprunt d'hommes ou à l'aliénation
de son fief, c'était de créer des hommes de fiefs
fictifs[2], *hommes de fiefs de plume* ou *sur plume*.
Ce dernier procédé semble avoir été localisé dans les
coutumes de Flandre.

§ 6. — *Autres membres de la cour.* — Les hommes
de fiefs ne jugeaient, que lorsqu'ils en étaient conju-

---

[1] Le mot « flegard, dit GOSSON (*Comment. sur l'art. V. d'Artois,* page 240 du commentaire de MAILLART), signifie tous
les lieux, destinez à l'usage commun et public, qui n'ont pas
besoin de hayes, ni de fossez pour être conservez, à cause
que l'usage et la jouissance en sont continuellement ouverts
à tout le monde. »

[2] DEFACQZ, *Ancien Droit,* Belgique, t. I, p. 61.

rés, par le bailli ou son lieutenant. Ces derniers
étaient les officiers du seigneur, et de tout temps, ils
avaient eu la mission de présider la cour à la place
du seigneur. Dans les juridictions seigneuriales où
le service de plaids pour les vassaux avait disparu,
c'était le bailli ou son lieutenant qui rendait la justice. Dans les coutumes du Nord, au contraire, où
le jugement par hommes de fiefs ou cottiers s'était
conservé, le bailli ou son lieutenant ne jugeaient pas.
Le bailli et le lieutenant devaient être reçus par le
seigneur en la cour duquel ils exerçaient leurs fonctions. En cas de maladie, absence ou autres empê-
chements légitimes, leurs fonctions pouvaient être
exercées par l'un quelconque des hommes de fiefs,
mais il faut observer que le bailli ou le lieutenant ne
pouvaient jamais faire fonction d'hommes de fiefs.

Outre la fonction de bailli, nous trouvons encore
celle de greffiers. Les greffiers apparurent dans les
cours féodales, lorsque l'usage s'introduisit de con-
signer par écrit les jugements rendus; on les rencontrait dans toutes les cours de justice féodale. Pourtant leur ministère n'était pas essentiel. On pouvait,
en effet, tenir les plaids hors de leur présence, et leurs
fonctions étaient alors exercées par deux hommes
de fiefs. Le greffier ne tenait sa commission que du
seigneur. Par édit du mois de décembre 1696, le roi
créa des offices de greffiers dans toutes les villes,
bourgs et communautés de Flandre. Ces greffiers
furent chargés spécialement des affaires de finances

des communautés et des villes. Avant cet édit, ces fonctions étaient cumulées par les greffiers des justices seigneuriales; désormais, ces derniers furent cantonnés dans leurs seules attributions de justices.

On rencontre encore dans les cours de justice des sergents dont le ministère pourtant n'était pas nécessaire. Ce sont eux qui étaient chargés de faire les exploits et autres actes judiciaires dévolus aujourd'hui aux huissiers.

Les fonctions de bailli, lieutenant, greffier, sergent, ne finissaient pas par la mort du seigneur qui les avait nommés. Les commentateurs en donnent comme raison que la mort n'interrompt pas le cours de la justice (*Chartes du Hainaut*, chap. 64, art. 11).

CHAPITRE II

DE LA COURS D'HOMMES COTTIERS.

---

§ 1. — *Conditions requises pour être juge cottier.* —
La cour du seigneur foncier était composée de ses
hommes cottiers, c'est-à-dire de ses censitaires. Ces
derniers étaient pour les tenures roturières ce que
les hommes de fiefs étaient pour les tenures nobles;
ils en étaient les juges naturels. En principe, le seigneur foncier ne pouvait faire juger à sa cour, par ses
hommes cottiers, les procès concernant les tenures
nobles. Pourtant il y avait des exceptions, la coutume locale de *Villers-Castel*[1] décidait par exemple :
« Et en deffaut des hommes de fiefs ledit seigneur se
poeult servir de ses hommes cottiers..... »

Les hommes de fiefs, au contraire, pouvaient être
appelés à figurer comme juges dans la cour du seigneur foncier, et à remplacer les hommes cottiers.
Rien n'obligeait le seigneur foncier à composer sa
cour des seuls hommes cottiers. Il pouvait tenir les
plaids avec deux hommes de fiefs et un homme cottier, ou encore avec deux hommes cottiers et un
homme de fief. Les expressions d'hommes rentiers,

[1] Cout. de *Villers-Castel*, B. de R., I, 405.

cottiers, censiers, que l'on rencontre si souvent, sont synonymes; il s'agit toujours des censitaires du seigneur.

Ce corps de juges cottiers ne semble pas avoir coexisté partout avec celui des hommes de fiefs. C'est ainsi que dans la *Coutume de Boulenois* les cotteries étaient jugées comme les tenures nobles, par la cour composée des hommes de fiefs. Le commentateur [1] de cette coutume, Leroy de Lozembrune, ne distingue en effet que trois sortes de justices (haute, moyenne et basse), et range dans les attributions du seigneur vicomtier celles qui appartiennent de droit au seigneur foncier.

Les conditions de capacité, d'âge, requises pour être juge à la cour du seigneur censier étaient les mêmes que celles exigées des hommes de fiefs. L'ordonnance de 1667, qui imposait aux juges l'obligation de savoir lire et écrire, s'appliquait également aux juges cottiers.

§ 2. — *Service de plaids des tenanciers.* — L'obligation du service de plaids existait aussi pour les juges cottiers [2]. Le service en personne était primitivement obligatoire pour eux, comme il l'était pour les hommes de fiefs. Il leur fut ensuite permis, à l'exemple

[1] LEROY DE LOZEMBRUNE, *Comment. sur la cout. de Boulenois* dans *Cout. de Picardie*.

[2] Voir sur tous ces points PATOU, tome III, pages 3 et suiv., page 184.

de ces derniers, d'avoir un remplaçant, procureur ou commis responsable. On considérait également que l'obligation du service de cour était une charge imposée par le propriétaire (ici le seigneur foncier). Aussi Bauduin [1] fait-il remarquer que le seigneur pouvait en décharger les tenanciers même malgré eux. Il cite le cas de la Picardie où le service de cour avait disparu.

Si le service était obligatoire pour tous les tenanciers, il est bien évident que tous n'y étaient pas contraints en même temps. Il eut été très incommode et très nuisible à la culture, de convoquer à la fois tous les censitaires; aussi avait-on organisé, à l'imitation des cours d'hommes de fiefs, un tour de service.

Les plaids avaient lieu en général de quinzaine en quinzaine [2]; pourtant, dans quelques coutumes les plaids étaient plus fréquents et avaient lieu de huitaine en huitaine [3]. La sanction était, en cas de refus, la saisie, et l'amende en cas de défaut.

§ 3. — *Accroissement de cour.* — Lorsqu'un seigneur foncier n'avait pas d'hommes cottiers en nombre suffisant pour composer sa cour, il pouvait

[1] Bauduin, sur *Cout. d'Artois* de 1540; art. 10 de 1544; art. 12, *in fine*, cité par Maillart, page 217, note c.

[2] *Coutume locale de Neuville-sous-Forestmontier*, Bouthors, *Cout. loc.*, I, 505.2 et *Cout. loc. de Courcelles*, Bouthors, II, 93, 7.

[3] *Cout. loc. de Neuilly-Ledien*, ibid., I, 506, 3. — *Cout. loc. de Fieffes*, ibid., II, 108, 8.

en emprunter au seigneur dominant. Cette question n'a jamais souffert de difficultés.

Il n'en est pas de même pour le second procédé employé par le seigneur qui voulait accroître sa cour. Le seigneur foncier pouvait-il augmenter le nombre de ses juges en donnant son fief en rentes ? Patou examine la question sous l'article 34 de la *Coutume de Lille*, titre I, n° 26 : « Sur le même principe, écrit-il, nous devons dire encore que quoique le seigneur foncier ait commencement de juges, il ne peut point les augmenter en donnant partie de son fief en rentes : notre article ne lui accorde point ce pouvoir ; il est borné au seigneur vicomtier. D'ailleurs, le seigneur foncier qui a commencement de juges n'a pas besoin absolument de ce secours, il peut en voir augmenter le nombre par le partage de la terre qui en relève ; au lieu qu'un fief étant indivisible, c'est une nécessité de permettre au seigneur de qui il relève de créer de nouveaux hommes pour rendre sa justice complète. »

Les hommes cottiers jugeaient à la conjure du bailli ou du lieutenant du seigneur. Le ministère des greffiers et des sergents souvent employés, n'était jamais nécessaire. On le voit, la cour du seigneur foncier pour les cotteries, ressemble si bien à celle du seigneur foncier sur ses fiefs quant à l'organisation, que les coutumes et les commentateurs transportent de l'une à l'autre les solutions qu'ils donnent dans un cas difficile.

CHAPITRE III

Des Biens dits d'Echevinages et des Echevinages ruraux.

Section 1. — **Des Biens d'Echevinage.**

§ I. — *L'Echevinage est une cour foncière.* — Nous venons d'examiner, à propos des censives, une juridiction foncière caractérisée par la situation privilégiée faite aux censitaires. C'est, en effet, le trait dominant de la situation du tenancier roturier de beaucoup de régions du Nord, de pouvoir, encore au XVIIIᵉ siècle, se réclamer, pour les contestations relatives à sa tenure, d'une juridiction composée de ses pairs[1]. Il oppose ainsi, en face du droit éminent de son seigneur, un doit propre, particulier. Le pouvoir seigneurial, en ce qui concerne la juridiction, s'efface, en quelque sorte, devant celui du tenancier.

Nous retrouvons ce privilège pour le tenancier des échevinages ruraux, mais avec un caractère plus spécialement accentué en faveur du tenancier. Ici, sans qu'on puisse encore l'affirmer, il semble que ce privilège de juridiction ait été en quelque sorte le point de départ d'une évolution vers un affranchissement

---

[1] Voir Lefort, *Origine du Droit de marché*, pages 32 et suiv.

plus complet dans le domaine politique. Cette idée, que nous signalons en passant, et sans vouloir nous y arrêter autrement, se précisera lorsque nous connaîtrons la condition de ces biens d'échevinage et leurs juridictions particulières.

Dans les échevinages ruraux, le corps des échevins, dont les attributions sont à la fois judiciaires et politiques, connaît d'une façon plus spéciale des tenures dites : *biens d'échevinage*. Il en connaît dans les mêmes conditions, avec la même étendue de pouvoirs, que le corps judiciaire du seigneur foncier. A d'autres égards, il est encore une cour foncière si on le considère, par exemple, au point de vue de sa composition. Le mayeur et le bailli, qui le président, ne sont le plus souvent que les officiers de police du seigneur. Les échevins sont unis au seigneur par les liens de leurs tenures. Nommés par lui, le plus souvent, ou élus là où l'élection s'est substituée à la nomination, ils ne sont généralement aptes à être juges que s'ils sont possesseurs de tenures, c'est-à-dire s'ils sont tenanciers.

D'une manière générale, les échevins se présentent à nous comme juges de leurs pairs ou co-tenanciers pour tout ce qui concerne les litiges relatifs aux biens d'échevinage.

§ 2. — *Conditions des biens dits d'échevinages.* — Avant d'aborder le fonctionnement et l'organisation des justices d'échevinages considérées comme cours foncières, il n'est pas inutile d'examiner la condition des biens fonds situés dans l'échevinage, vis-à-vis du pouvoir seigneurial.

Le terme générique sous lequel nous trouvons désignées ces tenures est celui de *biens d'éche-vinage*. Mais on rencontre d'autres désignations telles que : bien d'échevinages, de main-fermes, tenures en cotterie, biens cottiers, parries, héri-tages tenus en alleu. Bouthors[1], qui a étudié spé-cialement la condition de ces biens dans les éche-vinages ruraux du bailliage d'Amiens, a voulu voir sous chaque désignation de ces biens une institu-tion différente. Y a-t-il vraiment dans ces biens d'échevinage des possessions d'une nature spéciale échappant à la grande distinction des biens en tenures féodales ou censières et en alleux? Oui, dit Bouthors, qui voudrait bien faire échapper les biens d'échevi-nages à la classification des possessions à l'époque féodale. « Il y a donc eu, au moyen âge, écrit-il[2], indépendamment du fief et de la censive, trois sortes de possessions qui ont exercé une certaine influence sur l'état des personnes et la forme des institutions. La première est l'alleu, la seconde le précaire *(sic)*, la troisième le bourgage. Dans le lan-gage de nos coutumes, elles se confondent souvent sous une seule dénomination, celle de tenures en échevinage. »

[1] BOUTHORS, *Sources du droit rural*, pages 335 et suivantes.
[2] BOUTHORS, *op. cit.*, page 337.

Pour Bouthors les biens dits d'échevinage se ramènent donc à trois catégories : 1º les biens d'échevinage allodiaux; 2º les biens de main-ferme d'échevinage (la main-ferme et la précaire sont confondues
bien à tort par cet auteur); 3º les bourgages.

Cette distinction ne supporte guère un examen
approfondi. Toutes ces expressions désignent des
tenures roturières, par opposition aux biens féodaux.
Partout, en effet, nous trouvons les possesseurs tenus
au même devoir (service de plaids), au même régime
civil, au même ordre de succession. Il nous suffira
donc de passer en revue ces trois catégories de biens,
pour constater que cette diversité de dénomination
provient des multiples aspects de la même tenure.

§ 3. — *Biens d'échevinage allodiaux*. — Bouthors[1]
entend par là des tenures exemptes de droits de
reliefs, de lods et ventes et « de toutes prestations
serviles », régies « par un statut particulier qui n'est
pas la loi des fiefs, ni la loi des rotures ». En d'autres
termes, le tenancier d'un bien d'échevinage allodial
est pour cet auteur une sorte de possesseur libre,
affirmant un droit propre sur une tenure exempte
de toutes charges.

Ce possesseur d'un bien d'échevinage diffère pourtant, selon lui, du possesseur d'alleu ordinaire par
le service d'échevinage mis à sa charge.

[1] BOUTHORS, *Sources du droit rural*, pages 338 et suiv.

Mais ce *devoir politique*, pour employer l'expression de Bouthors, ne crée pas en faveur du possesseur de bien allodial une situation juridique différente de celle du tenancier cottier. Celui-ci est astreint aussi à un service de plaids analogue au service d'échevinage. Est-ce donc par l'exemption de redevances, que ces biens se caractérisent comme possessions originales?

Nous ne le croyons pas. Les coutumes signalées par Bouthors, comme exemple d'échevinages où se rencontrent ces biens allodiaux affranchis de toutes charges, n'ont rien de bien décisif. L'absence de retrait lignager, l'exemption des droits de rachat et d'investiture, admises pour ces biens allodiaux dans l'échevinage de la cité d'Arras[1], paraissent à Bouthors autant d'arguments irréfutables.

Cet auteur oublie seulement que le retrait lignager, en matière de tenure roturière, est l'exception, et serait-il de règle dans les coutumes du Nord, son absence pour les biens allodiaux ne prouverait rien, puisque dans cette même coutume d'Arras[2], il n'existait pas non plus pour les biens féodaux. L'exemption de droits de reliefs n'est pas non plus spéciale aux biens allodiaux, puisque, d'après la coutume de

---

[1] *Coutume de l'Echevinage de la cité d'Arras*, BOUTHORS, II, 226. Dans cette coutume, le retrait lignager n'existe pas pour les biens allodiaux (art. 16). L'acquéreur ne payait aucun droit de rachat ou d'investiture (art. 9).

[2] L'art. 14 dit qu'il n'y a pas de retrait en matière de fiefs.

cet échevinage, elle s'applique en matière de fiefs.

Et puis tous ces biens d'échevinages, dits allodiaux, sont-ils bien réellement exempts de reliefs et de droits de lods et ventes? La coutume du pays de Lallœu [1] et celle de la chatellenie d'Epinoy et Carvin [2] (citées en exemple par Bouthors) nous montrent, l'une, ces biens soumis aux droits de lods et ventes, et l'autre, à la fois aux droits de reliefs et aux droits de lods. Dans d'autres coutumes [3] que ne cite plus Bouthors, nous voyons les tenanciers de ces mêmes tenures allodiales contraints d'assister aux plaids pour y juger les contestations relatives à leurs possessions, y passer les aliénations, et tenus d'acquitter les droits de reliefs et de lods.

Bouthors paraît avoir oublié encore que dans les régions du Nord, il existait un grand nombre de rotures, qui reconnaissaient des seigneurs quant aux devoirs de lois, et n'étaient, néanmoins, soumis à aucune prestation annuelle. C'est ce que remarque Hébert [4] dans son commentaire manuscrit : « Il y a, dit-il, une infinité de terres dans la province qui ne sont ni fiefs, ni alleux et qui sont tenus en roture ou cotterie d'un seigneur sans lui devoir ni rentes ni

---

[1] *Lallœu (Cout. locale du pays de)* Bouthors, II, page 496.

[2] *Epinoy et Carvin, Cout. loc.,* II, page 397.

[3] Voir pour droits de relief, *Cout. de Lambres,* B. II, 401, 1. Pour les droits de ventes, *Oisy,* II, 419, 10. *Lambres,* II, 479, 3.

[4] Hébert, *Commentaire manuscrit,* sur l'art. 31 de cette coutume, n° 2.

redevances, ni servitudes. » Maillart[1] atteste également le même fait.

La vérité est qu'il est impossible de voir avec Bouthors, dans cette première catégorie de biens dits allodiaux, des possessions originales, différentes des censives ou cotteries.

§ 4. — *Biens d'Echevinage de main-ferme.* — Il est impossible de ne pas considérer ces biens comme des tenures roturières analogues aux censives. Bouthors, s'appuyant sur les privilèges politiques de leurs tenanciers, y voit des tenures d'une allodialité imparfaite. D'après lui, ces main-fermes se distinguaient des alleux, par les droits de relief et les droits de lods et ventes qui les frappaient à chaque transmission, et par les redevances annuelles dont elles étaient chargées.

C'est, on le voit, une catégorie d'alleux singulièrement imparfaits. Nous ne nous attarderons pas à réfuter l'opinion de Bouthors[2]. Tous les auteurs qui ont étudié ces biens de main-ferme s'accordent à reconnaître en eux, des tenures roturières d'une espèce particulière. Les nombreuses définitions qui en ont été données, sont pour la plupart inexactes ou incom-

---

[1] MAILLART, sous l'art. 31 d'*Artois*, nº 14 : « L'on a vu plusieurs denombremens et déclarations, où des biens roturiers situez en Artois, étoient déclarez ne devoir pas de rentes seigneuriales ou de censives. »

[2] BOUTHORS, *Sources du droit rural*, page 361.

plètes, car la condition de ces main-fermes varie d'une localité à l'autre.

Quoi qu'il en soit, la confusion des biens de main-ferme et des censives est très ancienne, puisque Boutillier [1] dans sa *Somme rural* la fait également : « Par l'usage de coustume locale tenir en cotterie si est tenir toute terre en possession de main-ferme c'est a dire qui n'est tenue en fief que ruralement on appelle entre les coustumiers terre vilaine, et ne doit hommage, service ost, ne chevauchée fors la rente. »

Pour l'Artois, Maillart [2] nous dit que roture, censive et cotterie sont des termes synonymes, ainsi qu'il a été établi par une enquête par turbes, faite à Arras le 10 mars 1591. Pour le Hainaut, la confusion est la même, elle est faite dans les chartes générales. Dumées [3] écrit : « L'origine des mains-fermes ou censives est presque aussi ancienne que celle des fiefs. » Merlin dans son répertoire dit au mot main-ferme qu'il est synonyme de roture et de censive.

La différence importante réside dans les juridictions différentes dont relèvent les cotteries et les main-fermes. Les cotteries sont jugées par la cour

---

[1] BOUTILLIER, *Somme rural*, Edit. gothique de 1538, fol. CLI. Edit de 1621, titre I, ch. 84.

[2] MAILLART, sous l'art. 1, nᵒ 26 (*Commentaire de la Cout. d'Artois*). Conf. DESMAZURE, *Observ. manuscrites sur la Cout. d'Artois*, livre II, titre 9, nᵒ 1 ; et GHEWIET, *Inst. du droit Belgique*, partie 2, titre 3, § 6, art. 1.

[3] DUMÉES, *Jurisp. du Hainaut*, pages 73 et 74.

censière, les main-fermes par l'échevinage, mais cette différence n'est pas absolue. Dans quelque coutumes locales, nous voyons les biens de main-ferme jugés par les hommes cottiers. Ces biens de main-ferme sont même quelquefois soumis à la juridiction des hommes de fiefs [1].

§ 5. — *De la tenure en bourgage.* — Les tenures en bourgage, contrairement à l'opinion de Bouthors [2], ne sont, comme les autres biens d'échevinage, que des tenures roturières. Elles ont pourtant quelques caractères spéciaux, qui en font le type vraiment original et caractéristique des tenures de nos échevinages ruraux. Avant d'examiner ce qu'il faut entendre par bourgage, et de caractériser leur condition juridique, il n'est pas inutile de signaler les origines assignées par Bouthors à ce genre de possessions.

D'origine relativement récente, cette tenure n'apparaît qu'avec les premières bourgeoisies rurales. Celles-ci se seraient formées, en effet, par des associations d'anciens possesseurs ayant déserté les tenures qu'ils cultivaient à titre de recommandés. Ces possesseurs n'auraient abandonné leurs anciens maîtres (les avoués et vidames des Immunités d'Eglise) que pour réclamer des nouveaux seigneurs près desquels

[1] *Cont. de Bredenarde* II, 665, 7 : Item, aussy les dits hommes de fief ont le regard et congnoissance de toutes terres et héritages tenus en main-ferme, par le seigneur dudit pays, et aussy de ceulx par luy bailliez a rente comme aultrement.

[2] Bouthors, *Sources du droit rural*, pages 385 et suiv.

ils se réfugiaient, et en échange de leur protection
des concessions nouvelles, et le droit de se constituer
en société politique. « Ainsi [1], écrit Bouthors, les
hommes libres déclassés par la féodalité peuvent
être considérés comme les véritables fondateurs des
bourgeoisies seigneuriales, et les *hospitia* qu'ils obtenaient l'autorisation de construire sur la terre d'un
seigneur qui les prenait sous sa protection, ont
donné naissance à la tenure en bourgage... » « Les
terrains qu'il leur concédait pour y élever des habi-
bitations n'étaient pas une aliénation, puisque le
fonds des héritages restait grevé, à son profit, de
cens, de rentes foncières et de droits de mutation. »

La communauté prenait à sa charge la police intérieure. La possession du bourgage rendait d'ailleurs
le possesseur apte à remplir les fonctions d'échevins,
par conséquent à juger les litiges relatifs à ces
biens.

Bouthors [2] signale la formation d'autres bourgeoisies imparfaites qui se constituèrent, à l'imitation des
premières, par l'affranchissement des serfs dans les
chartes de concessions de privilèges.

Mais ces dernières concessions ne furent accordées
qu'à charge de rentes. La tenure en bourgage, par
ses origines, est donc de nature conventionnelle
comme la censive. Le privilège de ses tenanciers de

[1] Bouthors, *Sources du droit rural*, page 394.
[2] Bouthors, *op. cit.*, page 395.

n'être jugés que par leurs pairs, n'est que la reconnaissance de la juridiction foncière.

Mais quelle était la condition de cette tenure en
bourgage ?

Sous ce nom on désigne un bien situé dans l'intérieur d'un bourg, et réunissant les deux conditions
suivantes : 1o être à l'usage d'habitation ; 2o être possédé par un bourgeois. On rencontre deux sortes
de bourgages, le bourgage cottier et le bourgage allodial ou franc bourgage ; mais ce dernier est rare et
Bouthors[1] ne cite que l'échevinage de Lens[2] comme
type de bourgeoisie allodiale. Dans cet échevinage,
l'exemption de redevances et droits n'était que le
résultat de privilèges rarement accordés dans le
titre même de concession.

Le bourgage cottier, qui constitue le mode usuel de
ces sortes de tenures, se composait de deux éléments, le fonds et l'amasement[3].

Le fonds qui reste « dans la main du seigneur » est,
comme le dit Boutillier[4], une terre tenue à rentes[5],
et dont le tenancier était assujetti aux obligations

---

[1] BOUTHORS, *Source du droit rural*, page 403.

[2] *Ibid.*, *Echevinage de Lens*, t. II, 336.

[3] « Des amasemens, dit RAGUEAU, sont des édifices. Amaser,
ce n'est point in mansum dare,... mais c'est *bâtir*, *édifier*. »

[4] BOUTILLIER, *Somme rural*, Edit. gothique 1538, fol. CLI.

[5] La rente annuelle payée par les tenanciers du bourgage et
les droits de relief et de vente sont fournis en nature. C'est le
plus souvent « une mine d'avoine ». *Pernes*, BOUTHORS, II, 255,
39 ; *Airaines*, *ibid.*, I, 378, 25 ; *Heuchin*, *ibid.*, II, 631, 13.

de la tenure en cotterie. Comme cette dernière tenure, le bourgage est soumis aux droits de relief et de vente. Le seigneur peut même retraire [1] l'héritage vendu, et par ce retrait enlever aux biens leur qualité de bourgage. La transmission de ces biens, dans les cas où elle est permise, est marquée par la formalité de la desaisine-saisine accomplie devant les échevins, par le signe d'un rameau [2] ou d'une pièce d'argent [3].

L'amasement, au contraire, est affecté au droit de la communauté ; c'est, comme dit Bouthors [4], une sorte de gage immobilier de la bonne conduite du bourgeois. Pour être bourgeois, il faut être possesseur d'une maison et y résider. Il faut toutefois remarquer que les seigneurs n'ont pas abdiqué complètement au profit de la communauté leurs droits sur l'amasement. Nous les voyons, en effet, dans certaines coutumes, contraindre les tenanciers en bourgage à réédifier les constructions que ces derniers laissaient tomber en ruines [5], où même à les céder à tout autre tenancier qui s'engageait à les reconstruire.

[1] *Heuchin,* BOUTHORS, II, 630, 10.
[2] *Heuchin, ibid.,* II, 632, 24.
[3] *Houdain, ibid.,* II, 327, 47.
[4] BOUTHORS, *Source du droit rural,* 399.
[5] *Gamache (Charte), ibid.,* I, 405, 37.

Section II. — **Composition de l'échevinage
rural.**

§ 1. — *L'échevin était primitivement un juge foncier. — Des « placita non indicta ».* — Les échevins
constitués en corps judiciaire sont les juges naturels
des tenures d'échevinage et, en principe, seuls ils
en connaissent.

Les échevins ruraux sont les héritiers directs des
scabini de l'époque carolingienne. Mais entre ces
deux sortes de juges, il y a des différences profondes, provenant de la substitution du pouvoir féodal
au pouvoir royal. Les *scabini* sont des jugeurs près
des cours royales, les échevins, des jugeurs près de
la cour du seigneur.

Tandis que les scabins sont de véritables fonction-
naires, ayant pour mission d'aider le comte et le
centenier dans l'administration de la justice rurale,
nos échevins ne sont que les représentants près du
seigneur de la communauté de tenanciers.

Nous avons dit que le mouvement communal eut
pour effet d'accroître leurs attributions et d'en faire
de véritables administrateurs. Mais à l'origine de la
féodalité où nous les prenons, ils ne sont que de véritables juges fonciers.

Ils paraissent avoir remplacé les *placita non indicta* [1] qui se tenaient dans les régions du Nord au dé-

---

[1] Sur les *placita non indicta,* voir Bouthors, *Sources du
droit rural,* pages 504 et suivantes.

but de la féodalité. Ces plaids, qu'il ne faut pas confondre avec les plaids généraux ou Franches Vérités pour la recherche des délits et des crimes, se réunissaient trois fois l'an aux époques fixées pour le paiement des redevances seigneuriales. Tous les censitaires du seigneur devaient y assister, et y justifier du paiement de leurs cens et rentes. Dans ces assemblées de tenanciers, on procédait également aux reconnaissances d'aliénations. C'étaient de véritables cours foncières constituées par tous les censitaires d'un même seigneur. Les échevins délégués des censitaires auraient remplacé, en se constituant en tribunal à assises régulières, ces assemblées extraordinaires. Néanmoins, dans certaines régions, ces *placita non indicta*[1] coexistèrent avec l'échevinage. Ils restèrent obligatoires pour tous les tenanciers de biens dits d'échevinage, et l'on continua d'y juger les contestations relatives à ces biens, avec le concours des échevins.

§ 2. — *Des échevins ruraux dans quelques monuments du XIe au XIVe siècle.* — La cour des échevins, en tant que corps judiciaire, a une origine très ancienne, ainsi que l'attestent de nombreux documents[2]. Nous pouvons citer à cet égard, une charte

---

[1] Voir par exemple : *Vimy et Farbus*, Bouthors, II, 241, 4.
Arleux en Gohelle, id. II, 344, 39.
Senghien en Weppes, id. II, 354, 31.
La Beuvrière, id. II, 390, 11.

[2] Consulter sur ce point *Lois des bourgs et villages du Nord de la France de 1201 à 1250*, par M. E. Tailliar, Caen, 1859.

de 1036[1], qui constitue un des plus anciens monuments connus de bail à main-ferme. Cette charte fut
donnée par Leduin, abbé de Saint-Vaast d'Arras, qui
vivait sous le règne de Baudouin à la Belle-Barbe.
La tenure y est désignée sous le nom de *alodium
ecclesiæ, alodium placiti*, bien du plaid. Le tenancier
de ces biens ne peut être jugé que par l'abbé ou son
prévôt, avec l'assistance de ses pairs ou échevins,
circum sedentibus scabionibus. C'est à l'échevinage
rural de l'abbaye de Saint-Vaast d'Arras que sont
jugées, en effet, les tenures qui en dépendent, et les
échevins jugeurs ne sont que les tenanciers de ces
biens dits d'échevinage. Une charte de 1207 de
Pernes[2] indique de la façon suivante le rôle des
échevins en tant que juges fonciers : « Willelmus et
Scabini de Pernes... Constituti in presentiâ nostrâ
fratres X quidquid juris habebant vel habere se
dicebant in decimâ de Pernes vel in omnibus aliis
rebus omnino quitum clamaverunt et prefatae Eccle-
siae *per manus nostras* renunciaverunt. Pro istâ
werpitione capitulum Morinense dedit 100 solidos
per manus nostras reclamatoribus. Hoc testamur et
ea quae *ad jura et consuetudines* majoris et scabi-

---

[1] Reproduite dans TAILLIAR, *Recherches pour servir à l'histoire de l'abbaye de St-Vaast*, deuxième appendice : *Lex gene-
ralis placiti*, n° 24, page 279; et dans MARTENNE, *Ampl. collectio*, col. 381 (*Constitutio Leduini abbatis sancti Wedasti attreba-
sensis*).

[2] *Cartulaire de Pernes*, MARTENNE, col. 118.

norum pertinent accepimus et werpitionem sigilli nostri appensione munivimus. »

Entre autres cartulaires, nous pouvons citer encore celui de Thérouane de 1263[1], qui signale le cas d'un certain Gérard Hotel qui prétendait avoir un droit de *teloneum* sur une tenure dépendante de l'évêque. Ce dernier repousse sa prétention pour la raison que *non teneret a nobis in feodum sed sub annuo redditu*. La preuve que Gérard Hotel tient sa tenure « sub annuo redditu », c'est que : « In emptione et werpitione dicti tenementi noluit facere servitium servienti nostro, quod sit vel datur de franco tenemento, — immo intravit et recepit dictum tenementum *per scabinos nostros* dicens quod nolebat terram, dictum tenementum, tenere franco modo sed tanquam terram censualem. »

§ 3. — *Recrutement de l'échevinage.* — Dans les coutumes locales de 1507, les échevinages ruraux constituaient encore une cour judiciaire, dont la composition numérique et les attributions variaient suivant les coutumes. Lorsque la compétence judiciaire de l'échevinage s'accrut, et que des fonctions publiques vinrent augmenter leurs attributions premières, il fallut bien augmenter le nombre des échevins. C'est ainsi que nous voyons dans certains échevinages importants douze échevins accomplir

---

[1] *Cartulaire de Thérouane*, MARTENNE, *ibid.*, col. 216.

en même temps leurs fonctions[1] ; dans d'autres, nous en trouvons huit[2], sept[3], six[4], cinq[5], quatre[6], et même trois, suivant les cas. Mais il semble que pour juger les tenures d'échevinage, il fallait au moins quatre échevins.

Les échevins étaient recrutés par la nomination ou l'élection. C'était le plus souvent le seigneur ou son bailli, qui nommait le corps échevinal suivant son bon plaisir. Le seigneur les choisissait quelquefois, sur une liste présentée par les échevins sortants. Parfois, enfin, le seigneur nommait la moitié de ce corps qui se complétait ensuite lui-même.

Lorsqu'il y avait lieu à l'élection, les échevins sortants choisissaient, dans certaines coutumes, ceux qui devaient leur succéder, sauf à faire agréer leur choix par le seigneur. On rencontrait aussi des échevins élus directement par tous les tenanciers des tenures d'échevinage[7].

---

[1] Voir par exemple dans *Anciens usages d'Amiens de 1280*, BOUTHORS, I, 76, 4. *Corbie-Fouilloy*, BOUTHORS, I, 290, 1. *Flixecourt*, II, 217, 41.

[2] *Pays de l'Angle*, II, 687, 4.

[3] *Villers-Bretonneux*, I, 313, 3 ; *Croisette-en-Ternois*, II, 94, 19 ; *Outrebois*, II, 154, 3 ; *Robecques*, II, 367, 6 ; *Arnes*, II, 515, 7 ; *Eperlecques*, II, 696, 5.

[4] *Gezaincourt*, II, 126, 2.

[5] *St-Fleurisse*, II, 387, 2 ; *Garbecques*, II, 388, 2.

[6] *Avesne-le-Comte*, II, 291, 6.

[7] Echevins élus, *Camons*, I, 270, 1 ; *Croisette en Ternois*, II, 94, 19.

§ 4. — *Conditions requises pour être échevin.* — Il semble d'ailleurs que de toutes les conditions requises pour remplir ces fonctions, la plus importante consistait pour le candidat à être possesseur d'un bien d'échevinage : « Item y a en ladite terre et seignourie de Beuvry plusieurs anchiens manoirs nommés mez, selon les anchiens pappiers thériers dicelle seignourie, qui doivent rentes fonssières audit seigneur de Beuvry [1] ..... » et leurs possesseurs étaient tenus : « *de servir à leur tour comme eschevins audit Beuvry, se a ce ilz sont esleus* ». Certaines tenures appelées « manoirs héritables » obligeaient même leur possesseur à remplir ses fonctions d'échevins à la cour du seigneur. C'est ainsi qu'à Vimy et Farbus [2], le service d'échevinage était fait avec : « plusieurs hommes que l'on diste *ostes* submis à aucuns services à la court et hostel dudit seigneur, à cause de certains manoirs quilz tiennent et possessent seans en ladite ville de Vimy : lesquelz hommes il samble estre de la nature que eschevins héritables..... » Dans l'échevinage de Camblain le Châtelain [3]. « *tous possesseurs, propriétaires de manoirs, terres et héritages tenus dudit eschevinage sont submis à estre eschevins* dudit Camblin ou quilz soient demourans, quant ilz y sont appelez..... » Cette désignation d'échevins « héritables » provenait de ce

[1] *Beuvry* et *Chocques*, II, 363, 15.
[2] *Vimy* et *Farbus*, II, 241, 3.
[3] *Camblain-le-Château*, II, 231, 5.

qu'ils remplissaient leurs fonctions à cause de leur héritage.

Une fois désignés, les échevins devaient prêter, devant le bailli ou prévôt : « le serment que deuement et léallement ilz exerceront leurs dits offices »[1]. Ce serment était prêté dans *la halle,* en présence des officiers du seigneur, la main sur la croix, « à genoulx fleschis et chief nu ».

Le nouvel échevin agréé ou élu pour la première fois, était obligé de payer à ses compagnons [2] le « pas et bien venue acoustumée ; et se ilz sont reffusans de ce faire les dits prevost et eschevins peuvent saisir leurs héritages et prendre les fruits et revenus, tant qu'ilz auront en ce obey et acquiescé ». En cas de renouvellement de la fonction, le repas n'était plus obligatoire, car il eût été une dépense fort onéreuse s'il avait fallu l'offrir à chaque élection. L'art. 19 de la coutume de Croisettes en Ternois imposait cette obligation sous peine de la saisie des héritages. Toutefois cette saisie n'était requise que si l'échevin n'y avait pas satisfait dans l'année de son élection. On voit que la sanction de cette obligation du repas était très sévère, puisqu'elle entraînait la saisie de la tenure. Nous avons vu que le nouvel homme de fief et le nouvel homme cottier agréés juges, étaient également obligés d'offrir ce dîner à peine de saisie de leur fief ou cotterie. Il y avait sur ce point une

---

[1] *Houdain,* II, 316, 9.
[2] Ex, *Croisettes-en-Ternois,* II, 94, 19.

analogie frappante entre l'échevinage et les cours d'hommes de fiefs ou cottiers, ce qui tendrait à démontrer une fois de plus que l'échevinage était bien réellement une cour foncière.

On ne demandait aux échevins aucune condition de capacité spéciale. Il n'était pas nécessaire, pour remplir ces fonctions, de savoir lire etécrire. Aussi les échevins dépourvus de connaissances juridiques, comme nous le verrons à propos de la procédure, étaient-ils forcés de s'éclairer parfois de l'avis de jurisconsultes ou de magistrats plus instruits.

§ 5. — *Durée des fonctions et service de plaids.* — Les fonctions d'échevins étaient généralement annuelles[1] ; pourtant dans quelques coutumes, nous les voyons durer deux ans[2]. Le renouvellement qui ne se faisait pas sans un certain cérémonial[3], avait généralement lieu avant l'expiration des fonctions des échevins sortants. Dans la charte d'Oisy[4], nous voyons un exemple d'échevinage où l'on ne procédait pas au renouvellement annuel des échevins. Une fois nommés, ils conservaient leurs fonctions indéfiniment, ou jusqu'à une révocation fondée sur des motifs sérieux.

Une fois désignés, les échevins devaient promettre

[1] *Aubigny*, II, 298, 22 ; *Idem, Hénin Liétard*, II, 356 ; préamb. *Epinoy* et *Carvin*, II, 399, 11, etc.

[2] *Villers-Bretonneux*, I, 313, 3.

[3] Voir, pour ce cérémonial, *Houdain*, II, 315, 2.

[4] *Charte d'Oisy* de 1216, II, 430, 46.

de remplir fidèlement leurs fonctions. Le service de plaids devenait dès lors obligatoire pour eux, à peine de saisie de leur tenure «faute de devoirs non faits»; mais la peine pratiquée le plus généralement était l'amende de 60 livres [1]. La coutume d'Ardre décidait par exemple que : « quant lesdit eschevins sont esleux, se aulcuns d'iceulx diffèrent de accepter l'office, ledit bailly leur fait commandement de l'emprendre, à paine de LX livres parisis... » L'échevin sortant qui voulait éviter de remplir de nouveau sa fonction, devait vendre sa tenure. Dans l'échevinage d'Houdain, les échevins évitaient aussi le renouvellement. « ... Aprez ledi an expiré, ilz peuvent et pourroient vendre leur dit bourgage ; ... ilz sont exempz à jamais d'estre eschevins [2]. »

Les plaids de l'échevinage avaient lieu généralement de quinzaine en quinzaine [3]. Le service était obligatoire et devait être accompli en personne, à moins d'excuses légitimes. On n'admettait pas le service par remplacement. L'échevin ne pouvait avoir de commis responsible. Patou [4] en donne comme raison : « que les possesseurs de fiefs où d'héritages renteux étant juges nés, et demeurant le plus sou-

[1] *Ardre*, II, 670, préamb. ; *Bredenarde*, II, 664, préamb. ; *Baralle* et *Bussy*, II, 447, 3.

[2] *Echevinage d'Houdain*, II, 318, 4.

[3] *Avesne-le-Comte*, II, 289, 15.

[4] Patou, *Comment. de la Cout. de Lille*, sous l'art. 44, titre I de juridiction, n° 9.

vent hors du lieu de la seigneurie, il est juste de leur accorder des responsables », tandis que : « dans les seigneuries où il y a corps d'échevins pour administrer la justice, on les choisit toujours parmi ceux qui sont domiciliés dans le lieu [1] ».

Il fallait au moins quatre échevins pour administrer la justice, faire œuvres de lois et *tenir plaids* [2]. Si dans la justice du seigneur il n'y en avait pas en nombre suffisant, on pouvait les emprunter aux justices supérieures. Ce fait a son importance, car il nous montre la similitude remarquable à ce point de vue entre les échevinages ruraux et les justices foncières.

§6. — *Du mayeur et du prévôt.* — A la tête de l'échevinage et participant à toutes les opérations de ce corps judiciaire, se plaçait le mayeur dont il est bien difficile de saisir la fonction essentielle, tant sont multiples et variées les attributions de ce personnage. Nous ne l'envisagerons que dans ses fonctions judiciaires. Le mayeur exerçait dans les seigneuries inférieures les mêmes fonctions que le prévôt dans les grandes. Très souvent, nous trouvons un *mayeur héritable* [3], ainsi appelé parce qu'il possédait un

[1] Voir Patou, *Ibid.*, no 8 ; et *Charles du Hainaut*, chap. 64, art. 12.

[2] Patou, *Commentaire*, II, page 324, no 1.

[3] Dans les *Coutumes locales* de Bouthors : *Thun-St-Martin*, II, 483, 1. — *Vimy* et *Farbus*, II, 241, 2. — *Drocourt*, II, 346, 13. — *Baralle* et *Bussy*, II, 446, 1.

immeuble à raison duquel il était investi de sa charge.

La plupart de ces mairies sont des fiefs tenus noblement et en plein hommage et furent originairement héréditaires [1]. Bouthors fait remarquer que quelquefois une seigneurie appartenait en même temps à deux seigneurs par indivis. Chacun d'eux avait son mayeur qui le représentait auprès de l'échevinage, « parce que les hommes qui composent ce corps judiciaire sont censés, à cause de leur tenure, être les feudataires des deux seigneurs. » Le mayeur n'était pas toujours héréditaire, il était quelquefois nommé par le seigneur et, dans ce cas, il prêtait serment au bailli. On devait lui obéir comme au représentant du seigneur. On rencontre également des régions où le mayeur est élu par les tenanciers. Mais qu'il soit héréditaire, nommé par le seigneur ou élu [2], nous le trouvons, la plupart du temps à la tête de l'échevinage. Il en présidait les plaids, convoquait parfois les échevins [3] et quand il y avait lieu de rendre un jugement, posait à ceux-ci les questions auxquelles ils avaient à répondre.

[1] On considérait comme feudataire le mayeur placé à la tête d'une bourgade, ou d'un village. Conf. *Féodalité en Picardie* (Fragment d'un cartulaire de Ph. Auguste). TAILLIAR, Amiens, Caillaux, 1868.

[2] *Anciens usages d'Amiens*, nos 2, 3 et suiv. dans *Ancien Coutumier inédit de Picardie*, de Marnier.

[3] En Brabant, le mayeur semonçait les tenanciers jurés. Voir sur ce point intéressant POULLET : *Les juridictions et la propriété foncière au xve siècle dans le quartier de Louvain.* *Mém. couronnés de l'Acad. roy. de Bruxelles*, année 1866.

Le *prévôt*, dans les échevinages ruraux, exerçait à peu près les mêmes attributions que le mayeur. Dans la bourgade naissante, il était primitivement le préposé du seigneur et devint plus tard, quand la bourgade se fut constituée, le chef de l'échevinage. Il est difficile de distinguer le prévôt du mayeur[1], car les fonctions qu'ils exerçaient principalement, vis-à-vis des tenanciers des rotures, s'entrecroisaient la plupart du temps. Il semble pourtant que le prévôt avait un rayon d'autorité plus étendu que celui du mayeur[2]. C'est ainsi que dans la châtellenie d'Oisy, le prévôt et les échevins connaissaient de certaines causes qui, à Marquion (dépendance d'Oisy), étaient de la compétence du mayeur et des échevins.

La fonction de prévôt fut anciennement donnée en fief comme celle de mayeur; on rencontre encore, dans quelques coutumes locales, des prévôtés inféodées[3]. Il est difficile de délimiter d'une façon précise les attributions du prévôt. Rien n'est plus variable; il en est de même de l'étendue de ses pouvoirs. Ici il avait droit à l'obéissance du mayeur et de ses échevins, là ceux-ci pouvaient le contraindre à statuer dans certains cas délicats. Nommé quelque-

[1] Voir par ex. *Orville* II, 152, 9, où il présidait aux desaisines-saisines; *Pernés*, II, 259, 6; *Flixecourt*, II, 216, 23.

[2] Surtout en matière administrative. Voir *Oisy*, II, 428, 29, et *Marquion*, II, 440, 53.

[3] *Brucamps*, I, 478, 1. Les prévôtés furent quelquefois affermées; *Beauquesne*, II, 207, 6; *Caumont*, II, 87, 3.

fois par le seigneur, ou élu en même temps que les échevins, il semble avoir eu pour mission d'administrer la justice de concert avec ces derniers. Il prêtait d'ailleurs serment au bailli ou lieutenant du seigneur[1].

§ 7. — *Des Bailli, Lieutenant et Sergent de l'Echevinage.* — A coté du mayeur et du prévôt, nous trouvons encore le bailli et son lieutenant qui étaient des officiers judiciaires du seigneur. Le bailli, tout particulièrement, était le représentant immédiat du seigneur, son agent direct près de l'échevinage.

Il *conjurait* les échevins[2] de venir aux plaids, et présidait le plus souvent cette assemblée judiciaire. Ses pouvoirs étaient très étendus et allaient même, dans certaines localités, jusqu'à lui donner le droit de nommer les échevins[3] ; et c'était à lui que ces derniers, une fois élus, prêtaient le serment. Il pouvait aussi intenter de son chef des poursuites judiciaires devant l'échevinage : « Au bailly ou son lieutenant appartient la prinse, calenge et execution de tous cas advenus[4].... en l'eschevinage dudit lieu, au jugement des eschevins. »

Si étendus que soient les pouvoirs du bailli, il ne les

[1] *Sombrin*, II, 299, 29. Outre ces attributions bien définies, il en est d'autres qu'il partageait avec le bailli du seigneur ; c'est ainsi que dans quelques coutumes, il conjurait les échevins.

[2] *Caumont*, II, 87. 5 ; *Croisettes-en-Ternois*, II, 95, 20, etc ; *Senghien-en-Weppes*, II, 350, 4.

[3] *Avesnes-le-Comte*, II, 291, 6 ; *Saint-Venant*, II, 393, 20.

[4] *Avesnes-le-Comte*, II, 291 3 ; *Toutencourt*, II, 226, 3.

tenait que de son seigneur. Pourtant il n'était pas toujours absolument indépendant vis-à-vis de l'échevinage. C'est ainsi qu'après avoir prêté serment devant le seigneur, il devait quelquefois en prêter un autre devant les échevins : « Ly esquievin, en nulle manière ne receveront bailli ou prévost ou aulcun autre sergants le seigneur, s'il ne fait avant serment, par tesmoingnage d'eschevins que il, de tout son pooir, toutes les droictures, le seigneur et ensement les drois des hommes de la ville gardera par toutes choses sans nulles bleceures. [1] »

Les sergents étaient en général les agents du bailli et celui-ci pouvait en créer en nombre illimité [2]. Ils faisaient les ajournements et tous les autres exploits judiciaires [3]. Ils prêtaient aussi le serment devant les échevins, dans les localités où il était d'usage que les officiers du seigneur fissent recevoir leur serment par l'échevinage.

Enfin dans les justices d'échevinage, on trouvait le greffier de loi nommé par le seigneur, dont la mission était d'appeler les causes à tour de rôle [4]. Il était encore chargé de faire l'appel des échevins qui prêtaient ou renouvelaient le serment [5]. Il assistait aux inventaires, aux enquêtes, aux saisines.

[1] *Oisy*, II, 431, 51.
[2] *Toutencourt*, II, 226, 4.
[3] *Ibid.*
[4] *Houdain*, II, 320,26.
[5] *Ibid.*, II, 316, 8.

Toutefois, la fonction du greffier n'était pas essentielle pour l'exercice de la justice de l'échevinage et
l'on pouvait très bien la faire remplir par un échevin[1].

[6] *Verchin-en-Ternois*, II, 636. 4 ; *Fauquemberg*, II, 648, 19 ;
Houdain, II, 325, 48.

LIVRE II

Compétence.

CHAPITRE PREMIER

ÉTUDE SIMULTANÉE DE LA COMPÉTENCE DES COURS FONCIÈRES POUR HOMMES DE FIEFS ET HOMMES COTTIERS.

§ 1. — *Étendue de la compétence des cours foncières.* — L'étendue de la juridiction du seigneur foncier ou du seigneur de fief, se règle par la mouvance dans les coutumes de nantissement où le jugement par hommes s'est perpétué. En Artois, par exemple, dit Maillart[1] : « la mouvance règle le ressort, seigneuries et justices sont réciproques ». Et pour Hébert : « il faut toujours en revenir à la juridiction du seigneur dominant[2] ». Tout seigneur féodal qui a dans sa mouvance des cotteries est en conséquence seigneur foncier. « Celluy est doncques sei-

[1] MAILLART, *Coutumes générales d'Artois,* page 214, n° 4.
[2] G. F. HÉBERT, *Remarques sur plusieurs articles de la Coutume d'Artois;* voir sur tous ces points le *Préambule,* Bibliothèque Municipale de Lille, Ms. 485 (folio 5).

gneur fonssier, écrit Pierre Desmazures [1], quy a un fief dominant soit qu'il consiste en quelque corps ou gros de fief, ou quil consiste en l'air seullement : à cause duquel il a des tenanciers cottiers quy lui doibvent rentes fonssières à certain jour, avec les droits de vente et relief quand le cas y eschet. »

Si le seigneur a des fiefs dans sa mouvance, il est seigneur de fief ou vicomtier. Il suffit même d'avoir un seul fief dans sa dépendance, pour être considéré comme vicomtier [2], et exercer comme tel, la juridiction sur les fiefs dépendants, par les hommes de fiefs, comme l'exerce le seigneur foncier sur ses cotteries, par ses hommes cottiers.

Ces juges cottiers et hommes de fiefs sont donc les juges naturels de toutes les actions qui naissent à l'occasion des tenures en cotterie ou en fief. Le parallélisme dans les deux sortes de juridiction n'est pas limité à la seule organisation, mais s'étend à la compétence propre à chacune de ces cours, ce qui permet aux commentateurs de transporter généralement aux cours cottières les solutions admises pour les cours d'hommes de fiefs ou réciproquement.

Il est impossible de traiter séparément la compétence de ces deux sortes de cours ; il suffira de

[1] *Remarques et observations tant sur Coutume générale d'Artois*, etc. Bibliothèque Municipale de Lille, Ms. 187-193, folios 548-549.

[2] MAILLART, *op. cit.*, page 214, n° 1, *Beauquesne*, 1507, art. 6. *Artois*, art. 33.

signaler pour chaque catégorie d'affaires les particularités propres à l'une ou à l'autre de ces juridictions.

Très étendue, la compétence des cours cottières ou par hommes de fiefs est à la fois civile et criminelle. Les attributions civiles sont d'ailleurs les plus importantes, et les coutumes les résument très brièvement en constatant que, dans le domaine civil, ces juridictions ont connaissance de tout ce qui concerne la saisine et desaisine des héritages féodaux ou roturiers. Sous ces termes se cache, disaient les auteurs, la compétence la plus large.

On peut, en effet, classer les attributions de ces cours en deux grandes catégories d'affaires : 1o celles qui concernent la desaisine et saisine des fiefs ou des cotteries, entraînant à leur suite compétence pour toutes les actions auxquelles donnent naissance les constitutions de droits réels sur ces tenures; 2o celles qui concernent plus spécialement les devoirs et droits dûs à l'occasion de ces héritages.

SECTION I. — **De la desaisine-saisine.**

§ 1. — *Le juge foncier seul compétent en principe.* — Les *œuvres de loi*, sous les noms très divers qui leur ont été donnés (rapports d'héritages, desaisines-saisines, vest et desvest, par issue et entrée, déshéritance et adhéritance, exfestucation et infestucation)

représentent les attributions ordinaires, sinon essentielles, des cours foncières. On sait qu'elles constituent le mode normal de transfert de la propriété et
d'acquisition de droits réels, dans les coutumes de
nantissement, où la tradition seule est impuissante à
créer ces droits, si elle n'est accomplie en justice.

Cette nécessité de la tradition en justice, avait
donné naissance à un autre moyen de constituer les
droits réels, par voie de *mise de fait*. C'est une sorte
de saisie réelle dépouillant le propriétaire, et qui ne
pouvait être pratiquée que devant « une justice de
seigneur ou autre, souveraine et compétente (71 d'Artois) ». Bien que, comme le remarque Gosson[1] la
mise de fait fût possible devant la cour cottière, elle
n'y était pas pratiquée ordinairement. Elle était
accomplie généralement devant le tribunal de la
situation de l'immeuble, quand celui-ci était déclaré
compétent.

Le rapport d'héritages, au contraire, se pratiquait
toujours devant les cours foncières composées d'au
moins trois hommes[2], sous la présidence du bailli,
qui pouvait commettre pour présider à la réception
de la saisie un lieutenant auquel on donnait le nom

---

[1] Voir *Commentaires* de GOSSON, sur l'article 1 de la Cout.
d'Artois, dans MAILLART, *op. cit.*, pages 209 et suiv.

[2] Trois hommes pour MAILLART (page 216, n° 23). *St-Omer*,
15; *bailliage Hesdin*, 21, 22. Un commentaire anonyme sur les
coutumes d'Artois dit « qui a deux hommes cottiers a justice
foussière. » *Manuscrit 185, Bibl. municipale de Lille*, fol. 2.

de *lieutenant portatif.* Celui-ci ne pouvait jamais sub-déléguer.

La cour seule compétente, en principe, était celle de qui l'héritage soumis à rapport était tenu immédiatement. La saisine donnée devant un juge incompétent était nulle[1]. Par exemple, le fait d'avoir porté devant un juge supérieur le rapport d'un héritage dépendant d'une justice foncière, donnait lieu à renvoi devant ce juge foncier « quia cuique sua jurisdictio servanda est ». La cour du seigneur supérieur ne pouvait valablement procéder aux œuvres de loi, même du consentement réciproque des parties. L'on considérait avec raison que l'accord des particuliers ne pouvait déroger aux règles des juridictions, parce que celles-ci sont commandées par la nature des biens.

Dans certains cas, le seigneur supérieur pouvait connaître des œuvres de loi dévolues au seigneur foncier : 1º en cas de refus de ce dernier. Dans cette même hypothèse, plusieurs auteurs[2] avaient décidé que l'acheteur pouvait faire appeler le seigneur foncier devant le juge royal afin qu'il y fût contraint d'investir et que, si ce seigneur foncier persistait dans son refus, l'acquéreur devait être investi par le juge royal. Dans d'autres coutumes, le refus du juge foncier ou sa mauvaise volonté étaient considérés

[1] *Lille, Bailliage*, titre I, art. 64 *de jurisd.* GOSSON, *op. cit.*, page 211, nº 3.

[2] Voir par ex. PITHOU, sous art. 144 de son *Comment. de la Cout. de Troyes.*

comme *équipollente à vesture* (*Reims* 169, *Laon* 131, *Chauny* 33). 2º Quand le fief du seigneur immédiat auquel appartenait l'investiture était ouvert, et possédé par le seigneur dominant à titre de régale ou de saisie féodale. 3º Lorsque les héritages relevaient de plusieurs seigneurs immédiats, dans ce cas le seigneur supérieur pouvait donner une commission à l'acquéreur de ces biens, et celui-ci poursuivait alors, devant la juridiction de ce seigneur, la desaisine. Chaque seigneur immédiat devait y être appelé pour y consentir ou débattre cette acquisition. 4º Quand le seigneur immédiat était inconnu, absent et pour toutes autres causes, l'empêchant d'exercer sa juridiction, la *réalisation* devait être opérée devant la cour supérieure.

Mais quel était ce seigneur supérieur [1]? Devait-on suivre l'ordre et les dégrés de juridiction, s'adresser à la justice immédiate ou avoir recours d'abord à celle qui était souveraine sans observer les degrés des juridictions? On estimait généralement qu'il fallait suivre l'ordre des juridictions et que sur le refus du seigneur foncier, il fallait s'adresser au seigneur de fief de qui le seigneur foncier relevait et qui était ordinairement le seigneur vicomtier.

Le refus du bailli ou de son lieutenant équivalait

---

[1] Voir PATOU, page 313, tome III, art. 44, titre I, *Cout. de Lille de jurisdiction*. « A Lille notamment, on ne peut recourir au bailliage de Lille qu'après avoir épuisé tous les degrés de juridictions inférieures, et y avoir été refusés. »

au refus du seigneur lui-même, car le seigneur était
représenté par ses officiers, et l'acquéreur pouvait
dans cette hypothèse avoir recours au seigneur supérieur.

Une controverse s'était élevée sur le point de savoir
s'il fallait considérer les œuvres de loi comme actes
de juridiction gracieuse ou contentieuse. La majorité
des auteurs y voyait un acte de juridiction contentieuse, en quoi elle ne faisait que suivre l'opinion la
plus ancienne[1].

« Il y en a qui tiennent, dit Maillart[2], que le rapport
est un acte de juridiction volontaire, qui peut être
expédié un jour férié, mais je suis persuadé que
c'est un jugement qui requiert discussion en la cour
du seigneur ». La conséquence pour Maillart était
qu'on ne pouvait pratiquer les formalités de la
desaisine-saisine que dans un jour non férié (Boulenois, 18), puisqu'elles constituaient un véritable
jugement.

§ 2. — *Formalités de la desaisine-saisine en cours
foncières.* — Les formalités de la desaisine-saisine
sont trop connues pour qu'il soit besoin de s'y
arrêter longtemps. Celui qui aliénait son immeuble

---

[1] Celle de l'*Ancien coutumier d'Artois*, édit. Tardif, titre 22,
n° 2. « Le rapport fait en ceste manière, li sire doit conjurer
ses hommes s'il en ont tant fait quil ni ait mais droit ; demander leur droit ce quil a a faire et ils doivent dire par jugement que li sires en ahirete l'acateur. »

[2] Voir MAILLART, *Commentaire*, page 213, n° 11.

se transportait sur cet immeuble accompagné du bailli ou du lieutenant du seigneur foncier et de deux hommes de fiefs ou hommes cottiers. Quand on opérait la desaisine et saisine d'un fief, il suffisait de se transporter sur la pièce principale ; s'il s'agissait au contraire de rotures, il fallait autant de déplacements qu'il y avait de pièces de terres différentes [1].

L'immeuble qu'on voulait céder était rapporté au seigneur dont émanait fictivement la propriété ; et celui-ci moyennant un droit qu'on lui payait en investissait l'acquéreur.

La cession s'opérait comme il est dit dans le *Grand Coutumier de France* et l'ancien *Coutumier d'Artois*, au moyen d'un rameau ou d'un bâton remis par l'aliénateur entre les mains du seigneur foncier et que celui-ci remettait à l'acquéreur. Quand il s'agissait d'héritages cottiers ou de main-fermes, la *Coutume d'Artois* (article 136) décidait que la femme, bien que n'ayant pas été présente à la saisine et n'ayant pas *mis la main au baston*, n'en acquérait pas moins pour son mari.

Les formalités n'étaient pas terminées avec la desaisine-saisine ; il fallait encore dresser un acte du tout, et la minute originale devait être signée par les hommes de fiefs ou hommes cottiers, après quoi elle était déposée au greffe. L'enregistrement des devoirs de lois

[1] Voir dans TAILLIAR, *Recueil d'Actes*, quelques titres intéressants de 1264, à propos de fiefs, page 261, n° 173.

ROGIER   11

était nécessaire à peine de nullité [1] et les omissions
du greffier sévèrement réprimées [2]. Trente coutumes
de Flandre [3] prescrivaient aussi cet enregistrement des
devoirs de lois. En Artois on avait dû être très rigoureux sur ce point, car on ne constatait les devoirs de
loi que sur feuilles volantes [4].

§ 3. — *Raisons du formalisme de la desaisine-saisine.* — Les formalités de l'ensaisinement n'avaient
primitivement d'autre but que d'attester la supré-
matie du seigneur foncier [5]. C'est pourquoi, comme
nous l'avons dit, elles s'accomplissaient devant les
officiers ou hommes de fiefs ou hommes cottiers du
seigneur dont l'immeuble dépendait.

Les coutumes, en accordant spécialement au seigneur foncier compétence pour les devoirs de lois,
reflètent le but primitif de ces formalités, quand elles
expriment que la desaisine-saisine est une conséquence de la directe du seigneur. «Rapports et saisine doivent être faits, dit l'article 115 de la *Coutume*

---

[1] *Vermandois*, 119, 129 ; *Reims*, 177 ; *Amiens*, 145 ; *Artois*, 71 ;
contra, *Cout. de l'échevinage d'Arras*, 41.

[2] Pour la Flandre et l'Artois, voir : *Placard de Philippe II*,
du 16 décembre 1585 ; *Édit perpétuel des archiducs*, *Albert et
Isabelle* (12 juillet 1611), art. 24, et *Placard* du 16 septembre
1673.

[3] Coutumes citées par LEGRAND, *Commentaire de Flandre*,
vᵒ saisine (table générale).

[4] Voir BRUNET dans *Observations notables*, page 231.

[5] MERLIN, *Repertoire*, vᵒ Nantissement et BOULÉE, *Jurisprudence du Hainaut françois*, page 106.

de Boulenois, par le propriétaire en la cour du seigneur dont l'héritage est tenu et mouvant. » (137, *Amiens*, etc.)

Une idée nouvelle s'était fait jour dans les pays de nantissement, régions généralement très commerçantes, qui donna à ces formalités une orientation nouvelle. La nécessité de protéger les tiers par une grande publicité, et de faciliter la rapidité des transmissions, firent attribuer aux juges de la situation de l'immeuble compétence pour recevoir les devoirs de loi. C'est ainsi qu'on simplifia les formes de l'ensaisinement devenues trop longues et trop coûteuses. La reconnaissance du contrat devant la cour du bailli et des hommes, remplaça le vest et desvest. Les deux contractants comparaissaient devant le bailli et le greffier du seigneur et là, en présence de deux témoins, faisaient la déclaration de leur contrat. La transcription du contrat sur les registres de la juridiction devint même dans certaines coutumes la seule formalité importante [1].

Mais les besoins nouveaux n'expliquent qu'en partie pourquoi les formalités de la desaisine-saisine ne restèrent plus uniquement du ressort des justices foncières. Quoi qu'il en soit, dans beaucoup de villes les échevins purent recevoir les desaisines-saisines quand ils n'héritèrent pas de la juridiction civile sur les héritages roturiers sis en leurs villes. L'exemple

[1] Sur cette question, voir : FERRON, *Etude historique et critique sur la publicité des droits réels immobiliers*. Thèse. Bordeaux, 1897, pages 44 et suiv.

de la ville et banlieue de Roye, où la desaisine-saisine des héritages censuels n'avait pas forcément lieu
devant le seigneur foncier, est probant. L'art. 91 de
la coutume de Péronne, Montdidier et Roye, porte
en effet : « Les desaisines et saisines se peuvent bailler par le prévôt de la ville ou son lieutenant, présents deux échevins et le greffier, s'il plaît aux parties
d'y aller passer desaisines et saisines, combien que
les héritages soient tenus de divers seigneurs. Lesquels seigneurs peuvent aussi recevoir lesdites desaisines et saisines, si les parties vont par devers eux
ou leurs gardes de justice. »

Cette juridiction échevinale des villes en matière
de saisine des héritages roturiers dépendants de seigneurs fonciers, développée ou conquise, suivant les
cas, par le mouvement communal, ne peut être confondue avec la juridiction des échevins ruraux, véritables juges fonciers.

§ 4. — *Champ d'application des œuvres de loi.* — Il
nous faut rappeler très rapidement dans quel cas les
justices foncières pratiquaient les devoirs de loi. En
principe, tous les actes translatifs de propriété ou
constitutifs de droits réels y étaient soumis. Parmi
eux, tous les actes à titre onéreux ou gratuit. L'aliénation [1] d'héritages féodaux, ou cottiers, devait être
passée devant la justice foncière : « Pour acquérir

[1] *Cambrésis*, titre V, 1 ; *Amiens*, 137 ; *Boulenois*, 115 ; *Ponthieu*, 111 ; *Péronne*, 264 ; *Reims*, 162.

droit de seigneurie et propriété en aucun héritage et limites de la dite prevosté foraine, dit l'article 126 de la coutume de Vermandois, est requis que le vendeur ou procureur par luy suffisamment fondé se deveste es main de la justice foncière... » Et l'acquéreur ne deviendra pas propriétaire sans cette formalité [1] : « Il faut avant qu'il entre audict héritage quil en soit vestu et saisi en justice foncière. » Et l'on ne distinguait pas entre la vente volontaire et la vente forcée (adjudication sur décret). Or. suivait la même règle [2] pour les donations. En matière de contrat de mariage, certaines coutumes ne distinguaient pas avec les contrats ordinaires [3]; d'autres dispensaient des œuvres de loi. Dans les coutumes muettes, la question était controversée [4]. Les transmissions à cause de mort n'exigeaient pas en général le nantissement [5]. En réalité, il n'y avait pas lieu à transfert par saisine, car l'héritier continuait à avoir la saisine du *de cujus* par une sorte de co-propriété familiale. Outre les aliénations, toutes les constitutions de droits réels entraînaient la nécessité de recourir aux devoirs de loi. Pour les servitudes, bien que la question fût discutée, certaines coutumes l'exigeaient [6].

[1] Vanin, *Archives législatives de Reims*, tome I, p 71.
[2] Contra, *Valenciennes*, 106.
[3] *Chartes générales du Hainaut*, 29, art. 23 ; *Gorgue*, art. 32.
[4] *Artois, Picardie, Vermandois*.
[5] Contra, *Valenciennes* en ligne collatérale, 147.
[6] *Cambrésis*, titre V, 1 ; *Chartes générales du Hainaut*, chapitre 122, article 9.

Pour les hypothèques conventionnelles, les coutumes sont unanimes à exiger ces formalités[1]. Mais on modifia les formalités dans quelques coutumes[2] ; à Reims[3] notamment où le créancier devait faire nantir son contrat : « qui est à dire exhiber les lettres de la constitution de la dite rente aux maires et échevins ou autres officiers de la justice foncière du lieu où sont assis les dits héritages et illec les requérir en présence de tesmoings que pour seureté de ladite rente ou debte, ils nantissent lesdites lettres...»

Les baux emphytéotiques[4] étaient soumis également aux devoirs de loi. L'article 57 de la coutume de Valenciennes le disait expressément : « Sont immeubles les emphytéoses réalisées par devoirs de loi, meubles les autres. » De même, les baux à surcens qui devaient généralement être passés avec l'agrément des seigneurs fonciers étaient *réalisés* en leurs cours[5].

---

[1] *Flandre, Artois, Hainaut, Cambrésis, Pays-Bas* (elles furent abrogées en Picardie et Vermandois, par édit de 1771).

[2] *Laon*, 43 ; *Vermandois*, 119. Dans la châtellenie de *Lille*, l'apposition du sceau du bailliage sur le titre hypothécaire était nécessaire. L'hypothèque judiciaire, qui avait été créée par ordonnance de *Villers-Cotterets* (août 1539, art. 92, 93), avait été admise en *Picardie* et en *Vermandois*, mais le nantissement n'était pas requis. En *Flandres, Artois, Cambrésis*, et dans les *Pays-Bas*, au contraire, on n'adopta pas l'hypothèque judiciaire.

[3] *Reims*, art. 174.

[4] *Cout. de Cambresis*, titre 26, art. 6 ; *Valenciennes*, art. 28 ; *Chartes générales du Hainaut*, ch. 122, art. 8.

[5] *Boulenois* 58 ; *Ponthieu*, titre IV, 1 ; *Abbeville, Cout. loc.*, 34 ; *Hesdin*, 46 ; *Montreuil-sur-Mer*, 65 ; *Amiens*, 43.

§ 5. — *Du retrait.* — C'était toujours en vertu du même principe que le retrait seigneurial était pratiqué devant la cour d'hommes cottiers ou d'hommes de fiefs au moment de l'aliénation des biens qui y étaient soumis. Cogniaux, dans sa *Pratique du retrait* [1] indique les formalités pratiquées par le seigneur féodal qui voulait exercer ce retrait. Dans les délais prescrits, le seigneur devait offrir le prix entier avec « les frais, loyaux cousts et amélioration. » Si cette offre n'était pas acceptée, il fallait recourir à la procédure de consignation. L'offre et la consignation étaient alors faites devant la cour féodale au complet (4 hommes de fiefs), et le procès se poursuivait devant cette cour. Le retrait seigneurial, en matière de main-fermes, ajoute Cogniaux, était poursuivi devant les maires et échevins de la même manière, sauf quelques différences de détail dans la procédure.

Le retrait lignager était pratiqué également suivant la nature des biens devant les cours féodales ou échevinales complètes. La consignation, la plainte, le jugement, toute la procédure, devaient y être accomplis « en dedans l'an et jour ». Cogniaux indique d'ailleurs toutes les formules nécessaires en pareil cas [2].

Il en est de même du déguerpissement du censitaire [3]

---

[1] Cogniaux, *Pratique du retrait*, ch. I, 3, et ch. V.

[2] Voir Cogniaux, *op. cit.*, pages 169 et suiv.

[3] Amiens, 43, *Cout. d'Artois au Bailliage de Saint-Omer*, 36 ; *Bailliage d'Hesdin*, 11.

qui avait également lieu devant les hommes cottiers
réunis en cours. Le domaine utile du fonds faisait
retour au seigneur foncier qui le réunissait, en ce cas,
à sa directe.

§ 6. — *Contrats passés et reconnus en cours fon-*
cières. — Cette compétence spéciale du seigneur foncier en matière de desaisine-saisine entraînait ce
seigneur à connaître incidemment de tous les débats
concernant les droits réels, soit de propriété, soit
d'hypothèque, à l'égard des héritages qui relevaient
de lui. C'est ainsi qu'en Artois, le seigneur foncier
connaîtra de la validité des contrats et testaments qui
contenaient aliénation « tant il est vrai, dit Gosson,
que la justice foncière, à cet égard, est fort étendue ».

Non seulement les hommes de fiefs ou hommes
cottiers pouvaient statuer sur ces contrats, mais une
fois qu'ils étaient dûment conjurés, il leur était permis
de recevoir les contrats d'aliénation des fiefs ou cotteries, pourvu que la desaisine-saisine en fût passée
devant eux. Cependant, en Artois, des arrêts du
Conseil d'Artois rendus le 15 décembre 1693, 3 août
1694, et 5 septembre 1698, défendirent aux hommes
de fiefs ou hommes cottiers de recevoir aucun acte
public. Mais ces mêmes arrêts autorisèrent les
hommes de fiefs ou hommes cottiers à recevoir les
testaments et actes de dernière volonté.

Les attributions de cette cour foncière étaient donc

très vastes. Un commentaire [1] anonyme des coutumes d'Artois dit : « Et par cette coustume semble
que le seigneur foncier peut tenir plaids, cognoistre
de mise de fait, equiparantes à saisine, de main assize, transactions..., si cognoist ledit seigneur de
toute autre action touchant la propriété à quel titre
que ce soit de succession, donation ou aultrement. »

Certaines coutumes locales exprimaient la même
idée. La coutume de Bredenarde le dit notamment
pour les fiefs [2] : « Lesquels hommes de fief, aprez qu'ils
ont relevé leurs fiefs d'iceulx faict le serment de
feaulté, ont la congnoissance de tous cas concernans
et mouvans pour raison des fiefs. » De même la coutume du pays de l'Angle [3] : « Pour dire droit, y a
acoustumé avoir franz hommes dudit conte d'Artois
à cause de sondit Ghiselhuus [4] qui congnoissent de
tous faitz et matères de fiefz et de ce qui en despend. »

---

[1] *Commentaires sur les Coustumes générales du pays et Comté
d'Artois pris de divers autheurs*, XVIIe siècle. Ms. 184, *Bibl.
Munic. Lille*, fol. 3, n° 5.

[2] *Bredenarde*, BOUTHORS, II, 665, 3, 4, 5.

[3] Pays de l'Angle, *id.*, II, 687, 3. Voir aussi BOURDOT de R.
T. I, page 449, *Cout. de Tournehem*.

[4] Voici sur ce mot la note de BOUTHORS, *Cout. loc.*, t. II,
page 713, note 88 : « Dans la ville et chastellenie de Bercq
Saint-Winocx, on a le pouvoir de donner la paix, par otage
(by ghiiseele), ce que l'on appelle communément asseurance
(Bercq, rub. 3, art. 1er). Les eschevins de Bruges ont la faculté
de mettre en arrêt tant en matière civile que criminelle :
ghyselschap te leggen (Bruges, titre 26, art. 1er). » Ghisel dans
l'acception propre du mot veut dire prison ; *huus* ou *huys*

§ 7. — *Du bornage.* Dans beaucoup de coutumes [1] le seigneur foncier avait spécialement connaissance des actions en matière de bornages, aussi les amendes pour déplacement, bris ou enlèvement de bornes lui appartenaient à titre de droits seigneuriaux. Dans les coutumes de nantissement, bien que le produit des amendes n'appartînt pas généralement au seigneur foncier [2], celui-ci avait pour mission de procéder au placement ou au déplacement des bornes sur les héritages dépendant de sa mouvance.

Dans les coutumes où le jugement par hommes s'était conservé [3], le seigneur devait recourir à sa cour pour toutes les opérations de bornage des héritages mouvants de lui. Il devait, en conséquence, faire *semoncer* par son bailli ou son lieutenant, trois hommes de fiefs ou trois juges cottiers, suivant qu'il s'agissait de borner des héritages féodaux ou cottiers. Ces hommes régulièrement semoncés ordonnaient le placement ou le déplacement des bornes. La décision

maison, et ghiselhuus ou ghiselhuy..... maison d'arrêt, maison de détention, d'où il faut inférer que le *ghiselhuus* du pays de l'Angle était la chambre criminelle où les échevins de la loi s'assemblaient pour contraindre les parties à se donner des gages de paix, et que c'était en même temps la prison.

[1] *Maine*, 297; *Anjou*, 3; *La Gorze*, titre III, 38; *Metz*, IX; *St-Mihiel*, 26. chap. XXX, art. 19. *(Chartes générales du Hainaut)*.

[2] *Boulenois*, art. 9 (anc.) et 30 (nouvelle).

[3] Voir *Commentaire manuscrit* de Lecocq sur la *Cout. de Lille. Bibl. munic. de Lille*, Ms., 243-248 (xviiie siècle) en VI tomes, tome VI. pages 526-527; et Patou, tome III, page 36, n° 1.

de la cour était exécutée en présence des parties en cause par les mesureurs jurés. Quand il y avait contestation, la décision qu'ils rendaient était un véritable jugement.

Section II. — Compétence en matière de devoirs et droits dus à l'occasion des héritages.

§ 1. — *Devoirs dus en raison de la tenure.* — Les cours d'hommes de fiefs ou d'hommes cottiers, connaissaient également de tous les devoirs et droits dus à l'occasion des fiefs ou cotteries.

En règle générale, la foi et hommage devaient être prêtés en personne à la cour féodale du seigneur. On admettait comme excuses celles signalées par Dumoulin [1], maladie, vieillesse, impotence, furie, aliénation d'esprit, inimitié entre le seigneur et le vassal. Dans quelques coutumes, on admit le vassal à se faire représenter par procureur et à prêter l'hommage devant le bailli ou le lieutenant du seigneur. La cour des hommes de fiefs finit par ne plus se réunir pour la prestation de la foi, mais resta compétente à cet égard pour les contestations entre le seigneur et son homme de fief, et pour la saisie faute de foi.

Le dénombrement [2] ou énumération écrite, donnée

[1] Dumoulin, *ad consuetudines parisienses*, § 1, gloss. 3.
[2] *Artois*, 12 ; *St-Omer*, 1509-45 ; *Montreuil-sur-Mer*, XXV ; *Lille*, art. 41, titre I de la *jurisdiction*.

par le vassal à son seigneur, des domaines et des droits du fief servant, et la déclaration, énumération des héritages non féodaux, cotteries, présentée par le tenancier au seigneur, étaient dus dès que le seigneur avait fait publier à l'église paroissiale du chef-lieu de son fief, que tous ses vassaux et tenanciers eussent à les fournir par écrit dans les délais de quarante jours.

Ces dénombrements et déclarations une fois remis au seigneur, la cour de ses hommes de fiefs ou cottiers était compétente pour connaître des contestations auxquelles ils pouvaient donner naissance. Le vassal ou le tenancier était invité à produire ses preuves, et le seigneur ses contredits. Dans les quarante jours de la publication ordonnant les dénombrements, le seigneur pouvait faire saisir l'héritage[1] de son vassal par deux hommes de fiefs de sa cour, et la main-levée de la saisie devait être poursuivie devant le seigneur supérieur. Dans certaines coutumes[2], une fois la saisie accomplie, la cour du seigneur pouvait condamner le vassal à fournir dans un délai prescrit son dénombrement. Si le vassal demeurait en défaut après cette condamnation, le seigneur faisait siens les fruits.

---

[1] *Artois.* 14, 15. *Règlements du Conseil d'Artois sur dénombrements du 20 novembre 1682 et 16 février 1714.*

[2] Voir *Cout. de Cambrésis*, art. 56, titre I ; et DES JAUNAUX, *op. cit.*, page 66.

Dans la coutume de Lille [1], quand un seigneur voulait obtenir les dénombrements, il était nécessaire qu'il s'adressât à sa cour d'hommes féodaux. Celle-ci, composée d'au moins trois hommes, était appelée à donner son consentement; une fois le dénombrement ordonné, ces mêmes hommes de fiefs procédaient à la publication.

§ 2. — *Droits dus à cause de la tenure.* — Le seigneur de fief et le seigneur foncier étaient compétents pour connaître de tous les litiges auxquels donnaient naissance le paiement des droits seigneuriaux dus à cause de leurs tenures. C'est ainsi que, pour le relief qui devait être acquitté dans les quarante jours pour les fiefs, et dans les sept jours pour les cotteries, le seigneur avait le droit de *régaler,* c'est-à-dire de gagner les fruits [2]. Le seigneur devait toutefois se faire adjuger cette régale par le ministère de sa cour, et s'il s'était fait justice à lui-même sans avoir fait intervenir celle-ci, la saisie était considérée comme nulle et non avenue. Elle était appelée dans ce cas, saisie *ravissante ou vorace* [3]. Mais la régale n'était possible que dans *l'an et jour;* passé ce délai, il ne

---

[1] *Lille,* article 41, titre I de la jurisdiction.

[2] *Artois,* art. 20.

[3] Par arrêt du 22 mai 1715, le Conseil d'Artois avait même décidé que le seigneur devait notifier par un acte signifié au propriétaire héritier ou à l'occupeur qu'il était résolu à user de la régale.

pouvait plus régaler sans avoir recours à la saisie du fonds, opérée comme toujours par le ministère de sa cour.

Cette juridiction des hommes de fiefs et des hommes cottiers, était encore la juridiction naturelle des contestations qui naissaient au sujet des droits de reliefs et de lods et ventes. Elle connaissait de l'action en poursuite pour cens et rentes seigneuriales non payés. C'était elle qui prononçait la saisie, sanction ordinaire du défaut de paiement, et statuait sur toutes les contestations auxquelles cette saisie donnait lieu.

Le tribunal compétent pour connaître des contestations nées à propos des droits seigneuriaux, était encore celui du seigneur des héritages soumis aux droits.

APPENDICE

JURIDICTION CRIMINELLE ET DROITS SEIGNEURIAUX
DU SEIGNEUR FONCIER.

Dans quelques coutumes, en plus des attributions civiles que nous venons d'examiner, le seigneur foncier exerçait encore la juridiction criminelle pour des causes modiques. La *Coutume d'Artois*, article 2, disait : « Le seigneur foncier n'a congnoissance, cohertion et judicature des délictz dont l'amende excède cincq solz, fors en l'infraction de sa justice, dont l'amende est de soixante solz parisis. » L'article 32 (titre I, de la jurisdiction) de la *Coutume de Lille* s'exprimait à peu près dans les mêmes termes.

Cette juridiction criminelle ne paraît pas appartenir en propre et nécessairement au seigneur foncier en sa qualité de seigneur féodal ; elle semble bien plutôt n'être que le résultat de la confusion faite entre la justice foncière et la basse justice, confusion qui était faite généralement dans les coutumes des pays de nantissement.

Quoi qu'il en soit, cette juridiction se ramenait à connaître de deux catégories d'affaires : 1º des infractions à la justice jusqu'à concurrence d'une amende

de soixante sols ; 2o des délits légers soumis à une
amende qui ne pouvait excéder cinq sols.

Pour la première catégorie d'affaires, il faut remarquer que le droit qu'avait le seigneur foncier de connaître des infractions à sa justice n'était pas une
conséquence de sa juridiction foncière. C'était, en
effet, un principe général qu'il appartenait à tout
justicier de connaître des infractions à sa justice.

On disait qu'il y avait infraction à la justice [1] lorsqu'il y avait par exemple rébellion à l'exécution des
ordres et des jugements, ou bris des saisies faites par
la justice. Outre cette amende, le seigneur foncier
pouvait ordonner le rétablissement des choses dans
l'état où elles étaient avant l'infraction ; c'est ce qu'on
appelait *réintégrer la main de justice.*

Pour sûreté et paiement de ses amendes, le seigneur foncier avait le droit de faire arrêter et de mettre
dans sa prison [2] les délinquants jusqu'à ce qu'ils
eussent consigné l'amende ou donné caution.

En ce qui concerne la juridiction criminelle proprement dite, la justice du seigneur foncier ne connaissait que des délits de peu d'imprtance. L'amende
était même si dérisoire en Artois, qu'elle eût été
inapplicable, s'il avait fallu prendre à la lettre
le texte de la coutume. Comme l'amende de cinq
sols tournois était dérisoire, on avait décidé que

---

[1] Cf. MAILLART et tous les commentateurs des *Coutumes
d'Artois et de Lille.*

[2] Cf. MAILLART, note sur l'article XIX d'*Artois*, n° 6.

l'article 2 s'entendait de sols parisis. Cette interprétation était contraire aux principes du droit qui
veulent qu'on restreigne plutôt qu'on étende les dis-
positions pénales. Aussi les commentateurs ne
l'admettaient-ils qu'avec une certaine répugnance. La
modicité de cette amende a même fait penser à Gosson[1] qu'elle ne s'appliquait qu'aux cas ou des bestiaux
avaient causé des dégâts sur les héritages d'autrui.
De cette manière, les seigneurs fonciers n'avaient
au criminel d'autre mission que celle de réprimer la
négligence des gardiens de bestiaux. Nous n'entrerons
pas dans les difficultés que l'application de cette
amende pouvait faire naître ; il suffit de lire le commentaire de Gosson pour être fixé à cet égard.

Certains droits sont signalés dans quelques coutumes comme appartenant particulièrement au seigneur foncier, tels que les droits de forage, de mort
ou vif herbage. Le droit de forage[2] s'exerçait sur les
vins, bières et boissons qui se débitaient dans toute
l'étendue de la seigneurie. Ce droit se payait en nature,
et consistait en deux lots ou pots de vin, bière, ou
autre boisson, perçu sur chaque tonneau « foré ».

Il ne faut pas confondre ce droit de forage avec le
droit d'afforage[3] qui appartenait en Artois au sei-

---

[1] GOSSON, sur l'article 2 d'*Artois*; MAILLART, *op. cit.*, pages
219 et suiv.; PATOU, sous l'art. 32 titre I, de jurisdiction,
pages 109 de son *Commentaire*

[2] Le droit de forage appartenant au seigneur foncier dans :
Artois, art. 3 ; *Ponthieu*, 83, 84 ; *Hesdin*, 15.

[3] Cf. *Artois*, art. 3. Sur la distinction des droits de forage

ROGIER   12

gneur vicomtier. Ce droit consistait à fixer le prix des boissons. Les hommes de fief du seigneur vicomtier avaient pour mission d'établir le montant du droit.

Quelques coutumes accordaient encore au seigneur foncier, le droit de mort ou de vif herbage [1] ; c'était un droit seigneurial payé par tous les possesseurs des héritages roturiers à l'occasion de leurs bêtes à laine. On donnait le nom de vif herbage à cette redevance quand elle était acquittée en nature par la livraison d'une bête, et de mort herbage quand elle était payée en deniers.

Hébert [2], après avoir signalé ces droits, ajoute que les seigneurs fonciers pouvaient prétendre aux droits honorifiques des églises bâties dans leur seigneurie et qu'ils avaient même les comptes des biens de ces églises, etc.

Tous ces droits si divers ne paraissent pas appartenir au seigneur foncier, en raison des tenures roturières qui dépendaient de lui ; ils prouvent une fois de plus la confusion qui s'était faite dans ces coutumes entre la juridiction foncière et la basse justice.

et d'afforage, voir HÉBERT, *Remarques sur la cout. d'Artois* (sur l'art. 3, n° 6).

[1] Droit d'herbage vif et mort au seigneur foncier. *Amiens*, 71. *Ponthieu*, art 92, titre VI, et *Montreuil*, 55.

[2] HEBERT, *op. cit.*, sur l'art. I, n° 5.

CHAPITRE II

ETUDE DE LA COMPÉTENCE DES ECHEVINAGES RURAUX.

SECTION I. — Compétence de l'Echevinage au seul point de vue foncier.

§ 1. — *Attributions multiples de l'échevinage.* — Nous avons dit que les échevinages ruraux pouvaient être considérés comme des cours foncières de même nature que celles des hommes de fiefs ou des hommes cottiers. Leur juridiction s'étendait en effet principalement sur les biens dits d'échevinages qui n'étaient autre chose que des tenures roturières analogues aux censives, et relevant comme elles d'un seigneur foncier.

Notre étude étant limitée aux seules attributions foncières de l'échevinage dans les coutumes locales de la Flandre et de l'Artois, il ne nous appartient pas de reconstituer toute la juridiction échevinale.

A l'époque en effet où nous examinons ces échevinages ruraux, la compétence première des échevins était singulièrement modifiée et restreinte. Les caractères permettant de considérer les échevins commes des juges fonciers disparaissaient sous les multiples attributions qui leur étaient conférées en tant qu'administrateurs de la communauté rurale.

Cette bourgeoisie rurale, qui n'était primitivement qu'une communauté de tenanciers, s'était développée sous l'influence du mouvement communal et de causes économiques. Le résultat en avait été pour beaucoup d'elles l'octroi de chartes de privilèges. Les petits bourgs, composés primitivement de tenanciers, étaient devenus de fortes agglomérations composées de cultivateurs et de commerçants.

On comprend dès lors l'extension de la compétence du corps échevinal. Juges civils, juges criminels, administrateurs locaux chargés de la police rurale ; les échevins étaient tout cela à la fois et comme tels représentants, dans ces diverses attributions, de la communauté et du seigneur.

§ 2. — *Compétence primitive de l'échevinage.* — Au point de vue de la compétence, et en envisageant en bloc ces attributions multiples de l'échevinage, il serait bien hasardé de voir à l'époque de la rédaction des coutumes dans ces juridictions, de véritables cours foncières.

Et pourtant, leur compétence originaire avait consisté à connaître de ces biens dits d'échevinage. La charte de 1236 de Leduin[1], abbé de Saint-Vaast, d'Arras, nous montre ces échevins procédant à l'ensaisinement des *alodia placiti ou ecclesiæ* équivalents des biens d'échevinage, et juges de tous les

---

[1] *Constitutio Sancti-Leduini*, MARTENNE : *Amplissima collectio*, col. 381.

différends naissant à l'occasion de cette tenure. Une
autre charte de Pernes de 1207 [1] insiste sur le rôle
de juges fonciers des échevins.

A l'époque de Boutillier, les échevins ruraux n'étaient
autre chose que les juges fonciers des tenures de
main-ferme. C'est ce qui résulte d'un texte cité déjà [2] :
« Terre qui n'est tenue en fief que ruralement qu'on
appelle entre les coutumiers terre vilaine... doivent
à leur seigneur service d'eschevinage. Car le seigneur
de tels tenants peut faire ses échevins pour traicter
et demener les héritages entre tels subjects, est tenu
d'en faire advest et desvest de l'héritage, de cognoistre et faire payer les rentes que tels héritages doivent. » La fonction essentielle de l'échevin consistait
donc à juger les contestations qui naissaient à propos de la tenure entre les différents tenanciers d'un
seigneur. Les échevins n'exerçaient leurs fonctions
qu'à raison de leurs possessions, et ces tenures leur
rendaient même le service d'échevinage obligatoire.

§ 3. — *Elle s'identifie avec celle du corps d'hommes
cottiers.* — La compétence de l'échevin rural ne diffère donc pas sensiblement de celle du juge cottier.
Cela est si vrai que là où l'on supprimait les juges
cottiers, on les remplaçait par des échevins; et ces
derniers n'obtenaient généralement pas pour cela

[1] MARTENNE, *Amplissima collectio*, n° 118 ; voir également
Cartulaire de Thérouane, de 1263, *op. cit.*, n° 216.
[2] BOUTILLIER, ch. 84, titre I *Edition de Charondas.*

une compétence plus étendue que celle des juges à
qui ils succédaient. La charte de Jean, duc de Bourgogne et comte de Flandre, du 1er octobre 1414[1] est
intéressante à cet égard. Elle autorisait le seigneur
de Roubaix, à remplacer les juges cottiers par sept
échevins, chargés de juger, au conjurement du bailli
du seigneur de Roubaix, toutes les causes qui appartenaient aux juges cottiers. Cette charte avait été
rendue à la requête de ce seigneur, qui s'était plaint
de ce que sur sa terre les juges cottiers ne pouvaient
plus utilement rendre la justice. Il en donnait comme
raison que ses hommes cottiers, se recrutant parmi
de simples gens, des laboureurs, ne connaissaient
rien au droit. Les parties couraient, d'après lui, trop
souvent le risque de perdre les procès portés devant
eux.

De plus, l'obligation d'assister aux plaids, obligeait
les hommes cottiers à abandonner à tout moment
leurs ouvrages de labours : « Pourquoi ledit seigneur
de Roubaix supplie le duc de décharger lesdits juges
cottiers, et en lieu d'iceux, lui permettre de créer et
d'établir toutes les fois qu'il lui plaira, jusqu'à sept
échevins qui, au conjurement de son dit bailli ou
son lieutenant, aient telle et semblable autorité et

---

[1] Charte transcrite dans le 7e registre de l'ancienne chambre des Comptes, à Lille, au fo 92. Nous la résumons dans
ses principaux passages Elle est citée dans: *Histoire des institutions communales et municipales de la ville de Roubaix*, par
Th. LEURIDAN, Roubaix, 1863.

puissance que lesdits juges cottiers ont eu jusqu'à présent. »

Il semble donc qu'à l'origine, la condition de l'échevin n'était pas sensiblement différente de celle de l'homme cottier, puisque nous avons l'exemple d'un seigneur remplaçant par des échevins le corps judiciaire des hommes cottiers devenus insuffisants et inférieurs à leur mission. L'étude de la compétence échevinale nous montrera les nombreux points de contact de la cour échevinale, et de la cour d'hommes cottiers. La différence essentielle, vraiment importante, résidait donc tout entière dans le mode de recrutement. Tandis que les hommes cottiers étaient appelés indistinctement à juger à tour de rôle, les échevins choisis parmi les possesseurs étaient appelés à remplir leurs fonctions lorsqu'ils étaient nommés ou élus. Mais, une fois choisis, leurs fonctions devenaient permanentes. Cette différence n'a pas été sans jouer un grand rôle dans le développement de la compétence échevinale. En effet, comme tout corps judiciaire permanent, l'échevinage rural devait chercher à élargir le champ de ses attributions.

Section II. — Desaisine-saisine.

§ 1. — *De la desaisine-saisine des biens d'échevinage.* — Les attributions civiles des échevins, dans la plupart des coutumes locales, se précisaient et se con-

crétisaient comme celles des hommes de fiefs ou des
hommes cottiers, dans la connaissance des transferts
par desaisine-saisine, connaissance attributive par
voie de conséquence de toutes les contestations auxquelles la constitution et le transfert des droits réels
pouvaient donner naissance.

Ces attributions, les plus anciennes et les plus essentielles, formaient une part très large de la compétence échevinale. Elles s'étendaient sur les tenures
dites *d'échevinage*, biens allodiaux d'échevinage,
biens de main-fermes, et bourgages, et sur ces seules
tenures [1]. C'est ainsi que les échevins ne pouvaient
s'entremettre de fiefs, tandis que les hommes de
fiefs pouvaient procéder aux desaisines-saisines des
biens d'échevinage [2].

L'ensaisinement était pratiqué en pleine halle [3], en
présence du bailli ou du lieutenant du seigneur et
d'un nombre d'échevins variable suivant les coutu-

---

[1] Cf. *Charte d'Ocoche*, BOUTHORS, II, page 148, art. 6 ;
Oisy, t. II, 419, 10 ; *Bourech-sur-Canche*, II, 83, 12 — Il est
intéressant de consulter sur cette question les procès-verbaux de desaisine-saisine de biens d'échevinage rapportés
par TAILLIAR *(Recueil d'Actes)*. Voir notamment des titres de
1197, page 5 ; de 1203, page 29 ; de 1246, page 131. Une vente
pouvait notamment être constatée après le décès des ven-
deurs. L'acte qui la prouvait était une sorte de record dressé
sur la déclaration des témoins. Cf. titre de 1197, page 5 *(Recueil
d'Actes*, TAILLIAR).

[2] *Pays de l'Alleu*, BOUTHORS, II, 496-2 ; *Bredenarde*, op.
cit., II, 665, 3-4 ; *Chelers*, II, 238, 11.

[3] *Hondain*, II, 325, 46.

mes. « Il se faisait par la tradition d'un bâton ou
par le signe d'un ramcheau [1] (rameau) qu'il (le lieutenant) prent et repchoit de la main du vendeur, il
le met et baille en la main de l'acheteur ou de celui
qui est saisy. » Enfin, et ici plus spécialement, pour
les biens en bourgage, par la remise d'une pièce d'argent [2]. Quand l'aliénation était faite par deux époux [3],
leur présence était nécessaire pour que le consentement fût plus manifeste, et c'était pour cette même
raison que le mari et la femme *mettaient ensemble
la main au baston*, signe de la tradition de l'immeuble aliéné.

Le transfert était également nécessaire pour les
constitutions de droits réels [4], soit à titre gratuit ou
à titre onéreux, par acte entre vifs ou par testament.
C'est ainsi que pour les libéralités testamentaires
c'était l'exécuteur testamentaire qui était chargé de
« dewerpir et de werpir » les biens légués [5]. Quel-

---

[1] *Heuchin*, II, 632, 24.

[2] *Houdain*, II, 325, 47.

[3] *Oignies*, II, 413, 25.

[4] *Doullens*, BOUTHORS, 55, 4 ; *Montreuil*, II, 601, 22. « L'on
ne peult acquerre droit réel ne hypothecque sur héritages
scitué en ladite ville et banlieue si ce n'est que le contract,
don, vente ou transport, soient passés et recongneus par
devant lesdis mayeur et échevins... le solempnités y gar-
dées... et que le reflief soit paié au seigneur dont l'héritage
est tenu... » *Idem, Bandemont-les-Arras*, II, 271, 10 ; *Orville*,
II, 152, 9 ; *Aubigny*, II, 300, 33.

[5] *Recueil d'actes* de TAILLIAR, acte de janvier 1260, page
238, no 154.

quefois la vente était publiée par trois dimanches consécutifs [1], et la saisine donnée à l'acheteur dans les trois jours qui suivaient cette publication.

§ 2. — *Du retrait pratiqué en cour échevinale.* — Cette publication, dans certaines coutumes, était, en effet, nécessaire pour permettre l'exercice du retrait lignager qui, dans les cas où il était permis [2], s'opérait devant l'échevinage. Mais les coutumes différaient à cet égard. Dans certaines coutumes, il devait être pratiqué au moment de l'aliénation [3], dans ce cas il convenait aux parents, s'ils voulaient retraire, d'apporter les deniers de la vente en la halle et de les présenter sur le bureau au prévôt, en effectuant le versement en or ou en argent tout en y comprenant les « léaux coustemens ». Le retrait n'était plus possible une fois que le prévôt et les échevins « ont vuidé hors de la dite halle ». Dans quelques autres coutumes, il devait être exercé avant la desaisine-saisine [4]. Enfin, quelquefois ce retrait ne pouvait être exercé qu'après le transfert et dans des délais très variables.

En principe, le retrait seigneurial n'avait pas lieu

[1] *Origny.* B., II 412, 9.

[2] Le retrait n'a pas lieu dans quelques coutumes, *Henin-Lietard*, II, 358, 6; *Cité d'Arras*, II, 268, 14; *Lens*, II, 333, 20; *Chòques*, II, 365, 5; *Lambres*, II, 480, 8.

[3] Ex. *Houdain*, II, 325, 50; *Andruick*, II 680, 6.

[4] *Senghein-en-Weppes*, II, 352, 26; *Epinoy et Carvin*, II, 402. 23; *Orignies*, II, 412, 9; *Riquebourg-Saint-Vaast*, II, 506, 23; *Pays de l'Angle*, II, 689, 16.

en notre matière pour les biens de main-fermes et les
bourgages, mais il pouvait avoir lieu pour les cotteries.

Les échevins recevaient encore les contrats[1] et
conventions concernant les biens tenus à cens en
échevinage ou en main-ferme.

§ 3. *Du bornage.* — Parmi les attributions se rap-
prochant de la desaisine-saisine, il faut citer celles
qui concernaient le bornage[2]. Les échevins, en y
procédant pour les différentes tenures d'échevinage,
avaient par là-même des atttributions foncières.
C'était en tant que juges qu'ils se déplaçaient et allaient
visiter les lieux litigieux[3]. Cette descente se produisait lorsqu'il y avait contestation ou incertitude sur la
délimitation des propriétés; elle s'appelait *cherque-
manement.* Lorsque les échevins prêtaient leur
concours pour faire placer les bornes, et pour certi-
fier l'exactitude de l'opération, ils exerçaient un
acte de juridiction gracieuse. Lorsqu'ils tranchaient
des contestations entre propriétaires différents à
propos des limites, leurs décisions étaient des actes
de juridiction contentieuse. S'il s'agissait de borner
une terre contigüe au domaine d'un seigneur, il était
nécessaire que l'opération fût faite en présence du

---

[1] *Brestel-lez-Doullens,* II, 268, 1; *Aubigny* II, 298, 19; *Henin-
Lietard,* II, 357, 5, etc

[2] *Beauval,* II, 69, 1; *Flixecourt,* II, 216, 33; *Outrebois,* 154,
4, etc,, etc.

[3] *Corbie, échevinage,* art. 11, I, 293.

seigneur ou de ses représentants [1]. En cette matière encore, les échevins exerçaient un acte de juridiction.

SECTION III. — **Compétence de l'échevinage pour les devoirs et droits dus à l'occasion des tenures.**

§ I. — *Service de l'échevinage et du plaid.* — La cour échevinale était également compétente pour tous les devoirs et droits dus à l'occasion des tenures dites biens d'échevinage.

Ces tenures ne devaient, en principe, d'autres devoirs que l'obligation pour leurs possesseurs de faire le service d'échevinage, c'est-à-dire d'être échevins. La cour échevinale était donc compétente pour juger des contraventions à cette obligation. Elle appliquait les amendes dont nous avons parlé pour le cas d'absence aux plaids, et traduisait également à sa barre l'échevin qui refusait d'accepter sa mission, ou qui, nommé, ne payait pas le dîner de bienvenue. Si le contrevenant persistait dans son refus d'accomplir ces devoirs, il pouvait être condamné par l'échevinage à la saisie de sa tenure [2].

Dans les quelques coutumes où les tenants de l'échevinage étaient tenus d'assister aux plaids géné-

[1] *Authieule*, II, 58, 10.
[2] *Camblain le Chatelain*, II, 231, 5 ; *Vimy et Farbus*, II, 241, 3 ; *Henin-Liétard*, II, 358, 6.

raux [1], les échevins condamnaient à l'amende les
non comparants et pouvaient ordonner la saisie des
héritages en cas de non payement desdites amendes.

§ 2. — *Paiement des droits seigneuriaux.* — La
cour de l'échevinage était encore appelée à statuer
sur le paiement des droits seigneuriaux dus à l'occasion de la tenure (cens, rentes foncières seigneuriales, reliefs, droits de ventes quand ils étaient dus,
etc.).

[1] Dans ces plaids généraux, outre les attributions ordinaires, qui consistaient à rechercher et à punir les crimes et les
délits, on jugeait quelquefois des questions qui étaient de la
compétence des échevins en matière civile. *Vimy et Farbus*,
II, 241, 4 ; *Arleux-en-Gohelle*, II, 354, 39 ; *Senghien-en-Weppes*,
354, 31 ; *La Beuvrière*, II, 390. 11.

LIVRE III

Procédure.

CHAPITRE PREMIER

Procédure des cours d'hommes de fiefs et d'hommes cottiers.

§ 1. — *Observations générales.* — Il est impossible, dans le cours de ce travail, d'exposer le mécanisme complet de la procédure usitée devant les juridictions cottières ou par hommes de fiefs. Cette exposition ne montrerait rien de particulier à ces cours. Ces juridictions, qui eussent dû rester juridictions privées, et comme telles, témoigner toujours de leurs origines par la diversité des procédures usitées devant elles, avaient vu au contraire, les règles principales de leur procédure, s'unifier sous l'influence de la rédaction des coutumes, des ordonnances, et du pouvoir réglementaire des Parlements.

Si l'on intentait devant ces cours d'hommes de fiefs et d'hommes cottiers, des procédures caractéristiques, usitées devant ces seules juridictions (desaisine-saisine, saisie féodale, poursuite des cens et rentes foncières non payés), il faut remarquer qu'elles n'y étaient poursuivies que bien rarement, suivant les règles exigées dans leurs coutumes. La crainte seule de l'appel, suffisait parfois à empêcher les juges de ces cours de méconnaître les formes. Par l'appel, en effet, les décisions de ces justices étaient portées de juridiction en juridiction jusqu'au Parlement, ou au Conseil de la province.

Toutes les décisions judiciaires pouvaient être déférées à ces cours supérieures qui les révisaient. L'inobservation des formes de procédure justifiait d'ailleurs la revision d'un nombre considérable de sentences, rendues par ces cours d'hommes de fiefs ou d'hommes cottiers.

Comme dans ces cours, généralement peu importantes, les juges statuaient dans l'ignorance la plus complète des règles du droit, les infractions aux règles de procédure devaient être très fréquentes. Les appels très coûteux pour les plaideurs et s'éternisant, ces infractions restaient la plupart du temps sans aucune sanction.

Il n'y avait donc pas à proprement parler de style véritable devant les cours foncières, si l'on entend ce mot dans le sens d'une procédure originale et particulière à ces tribunaux[1]. On suivait de très loin le style de telle province, ou de tel bailliage, reproduit quelquefois dans des styles locaux.

[1] Le mot style est pris avec ce sens dans tous les commentaires.

Chaque cour pouvait élaborer un règlement pour la tenue des audiences et leur police intérieure.

Nous nous arrêterons simplement à l'étude de quelques particularités dans la marche générale de l'instance (conjure, jugement, procédure d'enquête, dévolution de l'appel, et amende de faux jugement). Dans toutes ces questions, nous retrouverons des souvenirs de la procédure suivie devant les cours féodales ou les cours censières, dans leur première période. Nous passerons ensuite à l'examen de la poursuite en réclamation de cens non payés, qui garde aussi de nombreuses traces du formalisme de l'ancienne procédure.

§ 2. — *Conjure.* — La confusion faite généralement entre les termes *conjure* et *semonce*, dans les coutumes où le jugement par pairs avait disparu, n'existait pas dans celles où les juridictions par hommes de fiefs ou hommes cottiers avaient survécu.

Conjurer ou *semondre*, c'était requérir ou interpeller les juges de faire droit dans une affaire. Les hommes de fiefs ou hommes cottiers ne pouvaient être appelés à statuer dans aucune cause, s'ils n'avaient été au préalable conjurés par le bailli ou son lieutenant. Cette formalité était encore essentielle à la fin du xviiie siècle ainsi que le montre une « consultation [1]

[1] *Consultation sur la nécessité du maintien de la conjure dans les justices féodales, foncières ou municipales des Pays-Bas*, donnée par Savary Bonnaire, Merlin, à Douai, en 1788.

sur la nécessité du maintien de la conjure dans les justices féodales foncières ou municipales des Pays-Bas ». Sans cette conjure les hommes de fiefs ou les hommes cottiers, n'étaient pas valablement saisis, et les jugements rendus par eux étaient déclarés nuls.

Maillart rapporte un arrêt du Conseil d'Artois en date du 26 mai 1721, déclarant nul un jugement rendu par le châtelain d'Aire « faute d'avoir conjuré les juges [1] ». En principe, la conjure ne réquisitionnait les hommes de fiefs ou les hommes cottiers, que pour les cas ordinaires, rentrant dans la compétence de leur juridiction. S'ils étaient conjurés pour des cas extraordinaires, ils pouvaient s'abstenir d'obtempérer à la réquisition du bailli, et ce dernier pouvait dès lors juger sans leur concours [2].

La conjure était dévolue exclusivement au bailli ou au lieutenant du seigneur ; ce dernier ne pouvait valablement faire l'office de conjureur ou de semonceur. Cette conjure ne se faisait pas sans un certain formalisme. La formule de réquisition était celle-ci : « Voilà une telle affaire, je vous conjure d'y faire droit [3]. »

La conjure ou semonce avait donc survécu dans

---

brochure de dix pages à la bibliothèque municipale de Lille, FZ, 608.

[1] MAILLART, page 205.

[2] La *Coutume locale de Toutencourt* est particulièrement explicite : BOUTHORS, *Cout. loc.*, II, p. 226, 3.

[3] Formule donnée par MAILLART, page 205.

nos cours, avec les caractères et le but qu'elle avait dans les cours féodales.

L'on réservait plus spécialement le terme d'ajournement à la citation en justice proprement dite.

§ 3. — *Jugement.* — Le seigneur n'ayant pas la conjure, ne pouvait pas non plus rendre lui-même la justice dans la cour de son propre fief. Il n'était juge que dans la cour du seigneur dont il était vassal. Le jugement appartenait aux hommes de fiefs ou aux hommes cottiers, qui seuls avaient le droit de statuer. Cette règle était si absolue, que le seigneur et ses officiers, quand ils présidaient, devaient sortir de la salle d'audiences au moment de la délibération, afin de ne pas influencer les juges. Ils ne pouvaient rentrer qu'une fois le jugement formé, et le conjureur était lui-même rappelé « pour faire et dire loi à la semonce », c'est-à-dire pour proclamer le jugement rendu.

C'est toujours l'ancienne pratique des cours foncières, où les tenanciers et hommes de fiefs étaient appelés à statuer, en l'absence de leur seigneur sur les différends auxquels donnaient lieu leurs tenures. Ce détail rappelle une fois de plus le caractère contractuel de ces juridictions.

§ 4. — *Jugement après conseil.* — La justice foncière était donc tout entière entre les mains des tenanciers et des locataires du seigneur. Et cela n'était pas sans inconvénients au point de vue de l'indépendance

des juges. La plupart d'entre eux n'ayant aucune connaissance juridique, restaient quand même soumis
à l'influence de leur seigneur. Nous avons vu ces
idées exprimées dans la charte de Jean, duc de Bourgogne, au seigneur de Roubaix. Ce seigneur y constatait que ses juges cottiers étaient de simples laboureurs sans aucune connaissance et par là sujets à
erreurs. — Les mêmes défectuosités se représentaient
dans les justices par hommes de fiefs, où les vassaux
appelés à juger à tour de rôle ne possédaient pas les
connaissances nécessaires pour accomplir leur mission sans danger.

On avait cherché à remédier à ces inconvénients
par différents moyens. Le principal était celui donné
par l'édit perpétuel du 12 juillet 1611 qui obligeait les
juges cottiers et les hommes de fiefs, à s'adresser à un
avocat qui n'avait pas plaidé dans la cause, afin de
lui demander avis sur le procès. Quand l'affaire était
grave, on avait pris l'habitude de s'adresser même à
plusieurs conseils[1]. Ceux-ci rendaient leurs consultations par écrit sous forme de jugement. Les juges
statuaient alors le plus souvent conformément à cet
avis s'ils le trouvaient juste. En Artois, un placard
du 30 juillet 1672 voulait même que les juges ren-
dissent leurs sentences conformément à l'avis des

---

[1] Sur ces points voir tous les commentateurs d'*Artois*, de la
Cout. de Lille, en particulier, pour cette dernière cout.
PATOU, sur art. IV, titre I; et voir aussi GHEWIET, *Institutions
du Droit Belgique*, part. I, titre 1 § 2.

avocats consultés. Il en était de même pour les Pays-Bas, où, de plus, il n'était pas permis à ceux-ci, après avoir avoir reçu l'avis des premiers avocats par eux choisis, d'envoyer les pièces à d'autres pour avoir une nouvelle consultation [1].

§ 5. — *Dévolution de l'appel.* — La dévolution de l'appel montre encore la nature féodale de nos juridictions ; c'est ainsi que l'appel des jugements, tant interlocutoires que définitifs, rendus par les juges cottiers d'un seigneur, devait être porté devant les hommes de fiefs du même seigneur [2].

L'appel des hommes de fiefs d'un seigneur était porté devant le tribunal du seigneur dont il relevait immédiatement [3]. C'était un principe admis généralement dans nos coutumes où le jugement par hommes de fiefs s'était perpétué. Et si au lieu d'être porté devant les hommes de fiefs, le jugement des hommes

---

[1] Voir GHEWIET, *Institutions du Droit Belgique*, partie I, titre I, § 11.

[2] Voir PATOU, III, 54, nos 1,2.

[3] Voir par ex. *Cout. de Boilleux*, B. de R., I, 449, 2. *Item* aussi lesdits hommes, tant féodaux que cottiers, desdits lieux de Boilleux ou Mont... ont connoissances des héritages scituez et assis esdits villaiges et quand il y a appellation des dits hommes, elle ressortist immédiatement par devant ledit baron de Beaune, etc... *Tournehem*, B. de R., 453, 9. *Item* et quant aux appellations qui s'interjetteront desdits bailly et hommes de fiefs de la chastellenie dudit Tournehem, icelles doibvent. . sortir pardevant les bailly et hommes de fiefs du baillage de Saint-Omer, etc.

cottiers était porté au tribunal du bailliage, ou aux
hommes de fiefs d'un autre seigneur haut justicier
supérieur, il y avait ouverture au renvoi.

De même pour le cas d'un jugement rendu par des
hommes de fiefs. A cet égard, nous devons présenter
une observation commune aux deux sortes de cours.
Le seigneur seul ne pouvait point demander ce renvoi, il fallait que le justiciable le sollicitât. Dans ce
cas, ce dernier devait se *radvouer* à son seigneur,
c'est-à-dire, l'appeler à son secours pour requérir
ensemble le renvoi[1].

La renonciation de porter l'appel au tribunal compétent résultait aussi de ce que l'on se défendait sur
l'appel, sans soulever ce renvoi. Cette renonciation
abrégeait les procès.

En effet, on pouvait appeler d'une juridiction
d'appel à une autre plus élevée[2]; c'est ainsi que les
différents degrés de juridiction allaient quelquefois
jusqu'à cinq, ce qui ne faisait qu'éterniser les procès.
En Artois, par exemple, on pouvait remonter de proche en proche jusqu'au conseil d'Artois[3] qui connaissait en appel de tous les jugements rendus, tant au

---

[1] Voir PATOU, t. III, page 5, n° 54.

[2] PATOU, II, p. 689, 35.

[3] Dans la *Châtellenie de Lille* les premiers juges sont ceux
des seigneurs des tenures. De ces premiers, qui sont échevins,
ou hommes cottiers, on appelle devant les hommes de fiefs.
De ceux-ci on peut appeler à la gouvernance ou au bailliage.
Le juge d'appel du bailliage ou de la gouvernance est le Parlement.

civil qu'au criminel, par les juges inférieurs de la province. On avait conservé dans la plupart des coutumes, comme dernier souvenir du combat judiciaire, l'amende de mauvais jugement que payaient les hommes de fiefs ou hommes cottiers, dont le jugement avait été infirmé.

Nous avons dit que les juges pouvaient se refuser d'obtempérer à la conjure, dans les cas dépassant la compétence de leur juridiction. Ceci s'expliquait parce qu'en matière ordinaire, leur ministère étant forcé, ils devaient soutenir, à leurs risques et périls, le bien jugé de la sentence rendue par eux. De sorte que, si celle-ci était infirmée en appel, ils devenaient passibles d'une amende fixée en général à soixante livres. S'ils avaient été contraints de statuer dans les matières dépassant leur compétence, leur assistance aurait fait peser sur eux la même responsabilité pénale pour le cas où leur jugement aurait été infirmé. Leur assistance facultative ne les exposait pas aux conséquences d'une infirmation.

CHAPITRE II

SECTION I . — **De l'action pour cens non payés.**

§ 1. — *De la saisie en général.* — La poursuite pour cens et rentes foncières seigneuriales non payés qui formait, ainsi que nous l'avons vu dans la plupart des coutumes, la seule raison d'être des justices foncières, constituait après la desaisine-saisine la principale attribution de ces juridictions dans les coutumes de nantissement.

Cette poursuite se manifestait, dans la plupart des coutumes, par la saisie de la tenure exercée de l'autorité privée du seigneur foncier. Dans nos coutumes, où le jugement par hommes s'était perpétué, cette saisie, dont les formes rappelaient celles suivies à l'époque où la juridiction foncière était nettement indépendante des justices seigneuriales, n'était qu'un incident de la poursuite en réclamation de cens non payés. Elle en formait l'acte principal, et se pratiquait généralement de la façon suivante : Le bailli ou lieutenant du seigneur foncier assisté de deux hommes féodaux ou cottiers, se rendait sur la pièce de terre ou sur l'héritage qu'il s'agissait de saisir, et là, prenant une motte de terre, déclarait qu'il mettait ainsi la terre ou l'héritage en la main du seigneur foncier. Si l'on procédait à la saisie d'une maison, il fallait mettre la porte hors des gonds, quelquefois même, c'était toutes les fenêtres et toutes les ouvertures que l'on déplaçait de la sorte. Mais la saisie n'était qu'un acte de la poursuite, l'acte essentiel il est vrai, destiné à préparer primitivement la réunion de la tenure, et plus tard la simple privation de jouissance.

§ 2. — *Caractères de l'action en poursuite pour cens non payés.* — La procédure de cette action qui précédait et suivait cette saisie, n'en est pas moins intéressante à connaître, car, débattue en cour foncière devant les pairs du tenancier saisi, elle rappelle l'ancienne cour foncière où le censitaire, poursuivi par le seigneur, venait défendre les droits que lui conférait sa tenure. Cette procédure de la poursuite qui variait beaucoup selon les coutumes, y avait conservé un formalisme rigoureux[1]. C'est ainsi qu'elle exigeait une multiplicité de formalités, imaginées dans le but évident de protéger les tenanciers récalcitrants contre les trop grandes sévérités de leur seigneur.

La *Coutume de Lille*, qui ne le cède en rien aux autres coutumes au point de vue de son formalisme, a de plus le mérite de nous présenter comme appar-

---

[1] Sur le formalisme de cette action, voir BOUTILLIER, « *Somme rural* », édit. gothique de 1538, titre « *de heritage que le seigneur peult retraire par faulte de service on de rente non payée* », fol. CLV.

tenant encore au seigneur foncier les deux actions
(en réunion de la tenure et en privation de la jouissance) qui se sont succédé historiquement dans
la plupart des coutumes. Le résumé des procédures
de ces deux actions nous montrera la part considérable dévolue aux hommes de fiefs ou aux hommes
cottiers dans toute la poursuite en réclamation de
cens non payés.

Section II. — Etude des deux actions pour cens non-payés dans la coutume de Lille[1].

Le seigneur foncier dans la *coutume de Lille*, avait
deux actions, qu'il pouvait exercer à son choix pour
se faire payer des rentes seigneuriales « dues à son
fief par ses héritages cottiers ». La première, qui tendait à obtenir la réunion ou réincorporation au gros
du fief de ses héritages, la seconde, qui tendait à faire
adjuger au seigneur la jouissance jusqu'au complet
paiement des rentes. La première, la plus ancienne
en date, était aussi celle que l'on exerçait le moins
fréquemment, à cause des formalités longues et coûteuses qu'elle entraînait.

---

[1] Sur tout ce qui suit, cf. Patou : *Action en paiement de rentes
seigneuriales*, tome III, pages 192 et suiv. Pour la poursuite
en retrait de l'héritage, voir Patou, *Réunion en cas de paiement de rentes seigneuriales*, tome III, 187 et suiv. — Lecocq,
Comment manuscrit, Bib. Munic. Lille, 243, 248 ; tome III,
pages 79, 84, 160-161, 169, 170-177 (Plainte à Loi, etc.).

§. 1. — *Procédure de l'action en retrait.* — Le seigneur ne pouvait commencer aucun acte de procédure, avant que le siège de rentes n'ait été publié et tenu. Cette publication se faisait le dimanche ou un jour de fête à la sortie de la grand'messe, au lieu ordinaire de la situation du fief; elle pouvait être suivie le lendemain de la tenue de siège. Avant cette publication, et le jour marqué pour tenir le siège de rentes, le censitaire n'était point considéré comme étant en demeure.

Le seigneur, cette publication faite, devait par lui-même, par son bailli ou son lieutenant, « se fonder en plainte par devant ses échevins ou juges cottiers » et observer les autres formalités de la *plainte à loi;* c'est ainsi qu'il procédait à l'aide de son bailli ou de son lieutenant et en présence de trois hommes cottiers ou de quatre échevins, à la saisie verbale. Cette première saisie faite, avant de procéder à la seconde ou saisie réelle, on recourait à la *vue de lieu,* ou descente sur lieux, qui permettait aux hommes cottiers, de se rendre compte exactement de la situation et de l'importance de l'héritage, qu'ils étaient appelés à saisir. Le seigneur pouvait ensuite, par le même bailli ou lieutenant, assisté de ses deux hommes cottiers ou de ses deux échevins, procéder à la saisie réelle. Il ajournait ensuite le censitaire, et faisait la *sceute,* c'est-à-dire la dénonciation de la plainte à loi à la personne dont les biens étaient saisis. Il lui fallait aussi *ramener à fait* la plainte, c'est-à-dire rafraîchir la procédure, en opérant entre les mains des hommes cottiers le dépôt de toutes les pièces de procédure, sinon celle-ci tombait *vague et interrupte*. L'ajournement du censitaire autorisait ce dernier à faire plusieurs fois défaut, de quinzaine en quinzaine comme dans l'action de plainte à loi ordinaire, sauf qu'à la troisième quinzaine on était tenu de garder *heure d'estoile*, c'est-à-dire que le troisième défaut n'était encouru qu'après le soleil couché et après la tenue des plaids ; jusque-là, le censitaire pouvait fournir ses défenses. Après la quatrième quinzaine ou quatrième défaut, ce censitaire encourait le *déboutement de défense*. Le seigneur n'était pas encore autorisé à fournir ces preuves après ce quatrième défaut, comme dans la plainte à loi ordinaire.

Le seigneur devait porter ensuite une nouvelle plainte, dans laquelle il exposait les formalités déjà accomplies. Après avoir porté cette plainte il devait faire saisir de nouveau l'héritage, par les mêmes échevins ou juges cottiers, et conclure à la réunion de l'héritage à la table du seigneur. Les formalités étaient les mêmes pour cette seconde plainte que pour la première (saisie verbale, saisie réelle, ajournement, *sceutes* et *ramenés à fait*), sauf qu'on n'observait plus pour les quatre défauts des délais de quinzaine en quinzaine, mais de quarante jours en quarante jours. Le troisième défaut n'était encouru également qu'après le soleil couché. Le seigneur ne pouvait encore fournir ses preuves après la quatrième quarantaine (période de quarante jours) ; il lui fallait alors rafraîchir la procédure en remettant entre les mains de la cour toutes les pièces de la première et de la seconde plainte.

Cette remise faite, après vérification de la régularité de la procédure par les échevins ou hommes cottiers, la poursuite était renvoyée aux hommes de fiefs du seigneur foncier, ou s'il n'en avait pas, de son seigneur supérieur. Si la procédure n'était pas régulière, les échevins ou hommes cottiers avaient le droit de l'annuler. Le renvoi aux hommes de fiefs était motivé par cette raison que les échevins ou juges cottiers, n'ayant aucune juridiction sur les fiefs, la réunion de l'héritage cottier au gros de fief ne pouvait appartenir qu'aux hommes de fiefs.

La procédure se poursuivait ensuite devant les hommes de fiefs par une troisième plainte intentée comme la première et la seconde, et concluant à la réunion de l'héritage. On procédait donc aux saisies, ajournements et *sceutes* [1], et ces formalités accomplies, on assignait jour au censitaire dans le délai d'un an pour voir lever la *palée et gazon* [2], et entendre prononcer la réunion de l'héritage. Après

---

[1] On entendait par *sceute* la dénonciation de la plainte à loi à la personne dont on a saisi les biens.

[2] La *levée de la palée et gazon*, constitue un acte symbolique accompli, dit Ragueau, « pour marquer la réunion aux fiefs des heritages chargez de rente, faute de payement des arrérages. » *Cout de Lille*, titre I, de jurid., art. 45.

l'expiration de l'année, les hommes de fiefs adjugeaient la réunion verbale, c'est ce qu'on appelait *avancement de l'heure.* Cette réunion verbale qui était, comme dit Patou, l'image et la figure de la réunion réelle, la précédait. Enfin, après ce jugement, le seigneur, son bailli ou lieutenant, se rendaient sur le fonds avec les hommes de fiefs pour y lever la palée et le gazon, et prononcer la réunion réelle et définitive.

§ 2. — *Procédure de l'action en privation de jouissance* [1]. — La seconde action qui tendait à la privation de la jouissance, s'intentait aussi par *plainte à loi,* exercée après la publication et tenue de siège dont nous avons parlé. Le seigneur, après ces tenues de siège, pouvait faire saisir faute de paiement les héritages qui devaient rentrer, soit dans l'année de l'échéance, soit après l'année. La jouissance était accordée après quatre défauts de quinzaine sans que l'on gardât la *troisième heure d'estoile.* Les défauts devaient s'obtenir sans interruptions ; au troisième défaut le censitaire était débouté pour ses défenses, et au quatrième le demandeur était appelé à fournir ses preuves. Il faut signaler une particularité de la procédure : après le décret de saisie, l'effet en était suspendu pendant quinze jours, pour le cas de contumace. Le censitaire pouvait encore s'opposer à

[1] Sur cette procédure voir PATOU, t. III, pages 187 et suiv.

la saisie pendant ce laps de temps en donnant caution. La procédure se terminait par l'adjudication de la jouissance au seigneur qui devait exploiter et jouir dès lors en bon père de famille. L'effet de cette saisie ne cessait que le jour où le censitaire payait tous les arrérages en retard.

On le voit, l'exagération du formalisme venait au secours du censitaire malheureux. Toutes ces formes exigées et suivies sous le contrôle de la cour d'hommes cottiers, c'est-à-dire de ses pairs, étaient autant de garanties contre l'arbitraire même du seigneur.

CHAPITRE III

---

§ 1. — *Rapprochement de la procédure suivie devant l'échevinage, avec celle suivie devant les cours d'hommes de fiefs et d'hommes cottiers.* — La procédure usitée devant les échevinages ruraux, avait conservé des traces nombreuses de l'ancienne procédure féodale. Comme cette dernière, elle était orale et formaliste. Le caractère oral se trouve nettement formulé dans quelques coutumes. Devant l'échevinage de Baralle et de Buissy [1] par exemple, on ne plaidait *que de bouque* : « Premiers l'ordenanche de le loy sy est telle que on ne plaide point par escript, fors de bouque, car ainsy en a esté uzé anchiennement. » Et cela était si important que les échevins devaient s'appliquer à bien retenir les paroles des plaideurs à cause des changements que les parties pouvaient faire à leurs conclusions.

Les échevins ne jugeaient qu'à la réquisition du bailli, du seigneur [2] ou de son prévôt [3] ou quelque-

---

[1] *Baralle* et *Bussy, Cout. loc.* de BOUTHORS, II, 448, 5.

[2] Voir par ex. dans BOUTHORS. *Caumont*, II, 87, 5. *Senghien-en-Weppes*, II, 350, 4, etc.

[3] *Pernes* (échevinage), II, 253, 19.

fois du mayeur [1]. La conjure y était une nécessité comme devant les cours d'hommes cottiers ou d'hommes de fiefs, et à l'exemple de ce qui se passait dans ces cours c'étaient les échevins qui étaient chargés de rendre le jugement. Il appartenait toutefois au bailli ou prévôt conjureur de leur présenter l'affaire, et de délimiter les points sur lesquels ils avaient à statuer. Les questions litigieuses étaient l'objet, de leur part, de réponses brèves et précises.

Les parties se présentaient en personne devant les échevins sur assignation faite originairement en présence de deux échevins. Sans entrer dans le détail de la procédure, il faut remarquer de nombreuses ressemblances avec la pratique des cours d'hommes de fiefs ou d'hommes cottiers. C'est ainsi que la partie qui se trouvait dépourvue de conseils pouvait demander à ce qu'un échevin lui fût adjoint pour la conseiller [2]. On y trouvait aussi les exceptions que nous avons vues fonctionner devant les cours foncières féodales, telles que de jour d'avis, et vue de lieu, etc.

Lorsque les juges ne pouvaient se faire une opinion, ils avaient le droit de s'éclairer par des renseignements ; c'est ainsi qu'ils pouvaient prendre trois répits ou surséances, de quinzaine en quin-

---

[1] *Baralle* et *Bussy*, II, 448, 5.

[2] *Baralle et Bussy*, II, 448, 5 « a doncques peult (le demandeur) chely demander au mayeur d'avoir un eschevins à son conseil pour lui conseillier pour respondre à chely clain...»

zaine, ce qui leur donnait un délai de six semaines
pour former leur opinion [1].

§ 2. — *De l'enquête et du jugement*. — Il y avait
lieu à l'enquête, toutes les fois que la justice échevinale se trouvait en présence de questions difficiles
à résoudre. A l'exemple de ce qui se passait devant
le tribunal des hommes de fiefs ou d'hommes cottiers,
où l'on avait recours aux conseils d'avocats sur les
points de droit offrant des difficultés d'interprétation,
les échevins, par l'enquête, obtenaient des consultations juridiques leur permettant de trancher les litiges
pour lesquels ils les avaient obtenues. Bien qu'à
l'époque de la rédaction des coutumes, il était d'usage
d'une façon générale, pour les échevins, de prendre
conseil près des magistrats municipaux des grandes
villes [2], on retrouve, sur ce point, des traces de l'état
ancien où l'échevinage n'était qu'une cour foncière.
C'est ainsi que dans quelques coutumes, les échevins allaient à l'enquête près des hommes de fiefs de
leur seigneur suzerain [3]. Les réponses données, en
facilitant la tâche des échevins, formaient des précé-
dents pour les cas identiques qui se produiraient

[1] *Baralle et Bussy*, B., II, 450, 14, 15.
[2] Voir par exemple : *Berquinehem*, B., II, 326, 10 ; *Oisy*, II,
427, 21 ; *Lambres*, II, 479, 4.
[3] *Beauval*, II, 68 et 69, 1-2 ; *Garghelel*, II, 407, 8 ; Item, ont
acoustumé que des actions personnelles ou réelles aller au
conseil aux hommes de fief de ladite seignourie d'Espinoy,
et de en jugier par le conseil et avis d'iceulx hommes de fief.

dans la suite. A cette fin, les greffiers des échevinages transcrivaient ces consultations sur un registre
appelé le livre des records.

Les échevins, une fois éclairés, rendaient leur jugement sous la foi du serment et à leurs risques et périls. Autrefois, ces échevins devaient même soutenir
leur jugement par le combat judiciaire [1].

Le jugement rendu, ainsi que nous l'avons dit, aux
risques et périls des échevins, pouvait être soumis
à l'appel. Si le jugement frappé d'appel n'était pas
confirmé, les échevins encouraient une forte amende pour avoir fait mauvais jugement [2]. L'amende,
comme pour les jugements infirmés des juges cottiers, était fixée généralement à 60 sols.

§ 3. — *Dévolution de l'appel.* — Le point intéressant
à constater sur ce point consistait dans la dévolution
de l'appel. L'appel des jugements d'échevins était
porté généralement devant les hommes de fiefs du
seigneur, à l'exemple de ce qui se passait pour l'appel des jugements des hommes cottiers. De nombreuses coutumes sont unanimes à le reconnaître [3],
quelquefois pourtant, dans les principaux échevi-

---

[1] *Charte de Gamache*, I, 401, 3.
[2] Cf. *Cout. de Caumont*, II, 87, 4.
[3] *Houdain*, II, 318, 21. Par la dite coustume, se aucune ap-
pellacion ou appellacions se interjettent des ordonnances,
appointemens et sentences deffinitives prononchiées par les
dits eschevins ; en ce cas l'appelant est tenu rellever sa dite

nages, l'appel était dévolu directement au parlement[1].

Il ne nous appartenait pas d'entrer dans les détails
de la procédure suivie devant les échevinages. Cette
étude sortirait, en effet, de notre cadre ; de plus, il ne
faut pas oublier que l'échevinage, à l'époque de la
rédaction des coutumes, était loin d'être encore une
cour foncière au sens absolu du mot. Mais il était
utile de constater, que certains caractères rappelaient
encore l'état ancien de cette juridiction.

§ 4. — *Procédures particulières, et actions en réclamation de cens non payés.* — Au point de vue des
procédures particulières intentées devant cette juridiction, il suffit de rappeler que la desaisine-saisine
y était pratiquée pour toutes les aliénations de tenures d'échevinage. Nous n'avons plus à y revenir. De
même pour la saisie et poursuite pour cens et rentes
seigneuriales non payés. En ce qui concerne cette
poursuite, nous y rencontrons, en effet, deux actions
que nous connaissons déjà : 1o la poursuite en retrait
de la tenure ; 2o l'action en poursuite aboutissant à
la saisie des fruits de l'héritage.

Il faut remarquer que cette poursuite n'était pas
toujours intentée de la même façon. Les coutumes

appellation... pardevant ledit prévost ou lieutenant et hommes de fiefz du chatel... Voir encore sur ce point *Bredenarde,* II, 665, 5.

[1] *Beauquesne,* II, 206, 1.

locales, à cet égard, se distinguaient en deux catégories. Dans la première catégorie, le seigneur pour
défaut de paiement de ses cens et rentes..., procédait directement[1], sans titre et sans jugement, à la
saisie des fruits pour cens dus à cause de sa tenure,
ou à la mise hors des gonds des portes et fenêtres[2],
quand il s'agissait de maisons : « et se s'est pour
cens de maisons, les dits sergens pœuvent *oster les
huis* des maisons et les mettre hors de gons et faire
déffense à ceulx qui occupent les dites maisons que
iceulx huis ne remettent en leurs gons ny les repen-
dent ou aultrement sans congié à peine de LX sols
parisis... »

La saisie ainsi faite par le seigneur, de son autorité
privée, donnait lieu à un procès porté devant la cour
de l'échevinage ; et le censitaire ou le débiteur des
droits seigneuriaux y étaient appelés à faire opposition, ou à y contredire leurs seigneurs[3]. Toute la
procédure, jusqu'à la condamnation du censitaire
ou du débiteur de rentes, était poursuivie devant la
cour échevinale.

Dans la seconde catégorie de coutumes, le sei-

---

[1] *Corbie :* BOUTHORS, I, 294, 17. Item lesdits religieux pour
deffault de leurs cens non paiez, ne feront point de procès par
adjournement par devant les justices et eschevins pour ce
qu'ils pœuvent prendre en justichant pour leurs cens. Cf.
Saint-Valéry, I, 424, 17.

[2] *Corbie*, I, 294, 18 ; *Oisemont*, I, 412, 5, 8 ; *Saint-Valéry*, I,
427, 9 ; *Doullens*, II, 103, 9 ; *Toutencourt*, II, 226, 7, 8.

[3] *Saint-Valéry*, I, 424, 17.

gneur s'adressait à l'échevinage avant d'entamer
aucune poursuite[1]. Cette autorisation donnée ainsi « à
l'enseignement desdits échevins » nécessitait quelquefois un serment préalable du seigneur attestant le
montant des cens dus. La cour échevinale connaissait
ensuite, comme dans le premier cas, de la saisie et
des contestations et débats qui pouvaient suivre.
C'était elle, enfin, qui ordonnait le retrait de l'héritage entre les mains du seigneur.

§ 5. — *Distinction de la saisie pour cens non payés
et de la saisie privée*[2] *du locateur.* — A côté de cette
saisie d'autorité privée s'exerçant sur les tenures comportant l'idée de seigneurie, nous trouvons la saisie
gagerie du locateur ou bailleur à cens non seigneurial[3]. Cette saisie était aussi accomplie d'autorité
privée[4]. Elle se rapprochait par plus d'un point de
la saisie accomplie par le seigneur foncier[5]. C'est

---

[1] Cf. *Hénin-Liétard*, II, 358, 6.

[2] Sur la saisie privée, consulter Paul COLLINET, *La saisie
privée. Droit romain, chartes et coutumes du Nord de la France*,
thèse de doctorat en Droit. Paris, 1893.

[3] La saisie gagerie du locateur est étudiée en détail dans
P. COLLINET, *op. cit.*, page 165 et suiv. La plupart des détails
qui suivent sont empruntés à cette remarquable étude.

[4] Cf. *Notice sur le cartulaire municipal de Mouzon* (Ardennes)
dans *Revue d'Ardenne et d'Argonne*, t. I (1893-1894), page 155.

[5] L'analogie est telle que, parlant de cette saisie gagerie, la
Coutume de Montreuil déclarait, art. 9 : « Un chascun est seigneur en son tenement. » Par là cette commune entendait le
droit pour chaque propriétaire de maisons données à bail de

ainsi que les textes anciens qui l'établissaient (chartes, coutumiers, décisions de justice) peuvent être divisées en deux catégories : 1º ceux qui exigeaient pour cette saisie l'autorisation du seigneur ou du maire (chartes d'Escaupont, 1388[1]) ; 2º ceux qui accordaient cette saisie sans autorisation (Jean Boutillier[2]), sauf à exiger le concours de sergents ou échevins (Livre Roisin[3]). Nous venons de voir une distinction analogue pour la saisie des tenures d'échevinage.

La saisie gagerie différait pourtant de la saisie pour cens seigneurial non payé. Tout d'abord le seigneur foncier, seul, pouvait agir par la saisie pour cens seigneurial non payé. D'autre part, la saisie gagerie, saisie privée au sens absolu du mot, se passait, en principe, du concours de la justice. Le possesseur d'une tenure échevinale saisie avait droit, au contraire, au contrôle de la cour échevinale. Cette cour, qui autorisait quelquefois la poursuite, était toujours appelée

se faire payer ses arrérages par voie d'exécution. En agissant ainsi, de son autorité privée, « de lui meismes... où par ce sergens dit mayeur et eschevins », le propriétaire de Montreuil se trouvait avoir autant de droits qu'un seigneur.

[1] *Charte d'Escaupont* (Nord), 1238, citée par COLLINET, *op. cit.*, page 166. — *Gilles sire du lieu.* Copie, B. Nat. Fr., nouv. acq., 3395.

[2] *Somme rural,* titre CII. BOUTILLIER déclare que toutes les communes s'accordent, à « n'exiger, en la prise d'autre justice, que le propriétaire ». P. COLLINET, page 168.

[3] LIVRE ROISIN, « *de Louvages de maisons* », § II, IV (Edit. Brun-Lavainne, page 71). « Le locateur, dit-il, doit aller à tout le justiche en le maison pour wage prendre. »

à statuer dans les contestations auxquelles pouvait donner lieu la saisie. Cette dernière différence tenait tout entière dans le droit qu'avait primitivement tout censitaire de porter devant ses pairs les litiges nés à l'occasion de sa tenure.

CONCLUSION

Parvenus au terme de cette étude, il nous faut rappeler brièvement les étapes parcourues.

Au triple point de vue de ses origines, de son organisation et de sa compétence, nous avons pu constater que cette justice foncière se révèle comme une juridiction d'ordre essentiellement privé.

Trois conditions nous ont paru nécessaires pour constituer véritablement la cour foncière : 1o un contrat de concession de tenures, nobles ou roturières, supposant au profit du concédant sur le concessionnaire un droit d'éminence ou de seigneurie ; 2o une cour organisée avec des pairs (hommes de fiefs ou censitaires); 3o des attributions limitées aux seuls litiges nés à l'occasion des tenures concédées. Il faut ajouter que la disparition de l'une ou de l'autre de ces conditions suffisent pour transformer ou modifier complètement le caractère original de la justice foncière.

C'est ainsi que, dès que nous nous sommes trouvés en dehors des tenures dont nous venons de parler, nous n'avons plus rencontré de concédant pouvant constituer à son profit une justice foncière. Dans certaines coutumes, le locateur ou bailleur à cens non seigneurial pouvait jouir du droit de saisie privée, analogue à celui du seigneur foncier en cas de non paiement de ses cens seigneuriaux, mais ce droit ne lui permettait jamais d'exercer la justice foncière.

Il en est de même de la seconde condition. Le sort de la justice foncière était tellement lié à l'organisation par pairs que, dès que celle-ci disparut, ces justices ne se comprirent plus. On pouvait bien encore appeler justices foncières ces juridictions déformées, mais elles n'étaient plus que l'ombre d'elles-mêmes. Par la force même des choses, elles étaient devenues des juridictions justicières.

Il est bien certain qu'il n'y avait plus de justices foncières c'est-à-dire de justices fondées sur l'association, là où le vassal, ou le censitaire, pour les procès nés à l'occasion de leurs tenures, ne trouvaient plus comme juges leurs égaux.

Enfin, l'adjonction d'attributions civiles ou criminelles, heurtait également la conception primitive des justices foncières. Dans le contrat de concession de tenures, les vassaux ou les censitaires ne soumettaient nullement leurs personnes, ou leurs autres biens, à la juridiction de leur seigneur de fief ou de leur seigneur censier ; ils reconnaissaient à leurs seigneurs, et seulement pour les procès qui naissaient à l'occasion de leurs tenures, la juridiction foncière. Celle-ci donnait aux deux parties contractantes toutes les garanties désirables. En était-il autrement, le seigneur foncier prétendait-il exercer sur eux une

juridiction plus étendue, ils ne lui étaient plus soumis dès lors à titre de vassaux ou de censitaires,
mais à titre de 'sujets ou de justiciables d'un seigneur justicier.

Toute l'évolution des justices foncières réside dans
la disparition ou l'altération d'un des caractères que
nous venons de leur assigner. Nous n'avons trouvé
en effet les justices foncières réellement florissantes
que dans leur première période, lorsqu'elles réunissaient les trois conditions essentielles et suffisantes.

Avec la disparition du jugement par les pairs, nous
sommes entrés dans la seconde période, toute de
transition, qui devait fatalement aboutir à la disparition de ces justices, ou à leur absorption par les
juridictions justicières (troisième période).

Si les justices foncières ont survécu dans les coutumes du Nord, cette persistance ne peut s'expliquer
que par le caractère éminemment conservateur, et
par l'admirable esprit d'association des popula-
tions de ces régions. La justice foncière de nature
contractuelle y avait poussé des racines profondes,
tout en empruntant des éléments d'ordre justicier.
Semblable à un arbre, au tronc dix fois séculaire,
offrant à la vue un feuillage varié par des greffes suc-
cessives, la justice foncière s'est perpétuée dans ces
régions, conservant, malgré ses apparences de juridiction d'ordre justicier, son organisation et sa compétence primitives. Les attributions civiles ou criminelles ajoutées aux attributions purement foncières

sont venues donner à cette juridiction privée l'apparence d'une juridiction seigneuriale.

Dans ces mêmes régions, les juridictions foncières
semblent avoir exercé une influence considérable
sur les organismes judiciaires et politiques. Ceci
n'échappe pas à Maillart qui, constatant la prépon-
dérance des juridictions par hommes de fiefs ou
hommes cottiers en Artois, ajoute que les officiers
royaux ne pouvaient y remplir de fonctions judiciaires « sans avoir revêtu au préalable la qualité
d'hommes de fiefs ».

L'exemple le plus frappant de cette influence dans
l'ordre politique nous est offert par l'échevinage
rural. Nous avons montré comme quoi ce corps
administratif était dans ses origines une véritable
cour foncière. La condition de l'échevin primitif
ne diffère pas de celle de l'homme cottier. Tous deux,
pour être juges, devaient être possesseurs de tenures
analogues aux censives. Leurs attributions judiciaires
étaient les mêmes : ils statuaient dans tous les procès
qui naissaient à l'occasion de leurs tenures, et la procédure qu'ils suivaient dans leurs cours respectives
était sensiblement la même. Les coutumes nous
montrent, que l'assimilation de l'échevin et du juge
cottier existait jusque dans les plus petits détails.
C'est ainsi que nous les avons vus, une fois investis de
leurs fonctions, offrir à leurs pairs le repas appelé
cuiret. Tous deux étaient donc des juges fonciers ; la
seule différence essentielle, résidait dans le mode de

recrutement de l'échevinage (élection ou nomination de l'échevin). Cette différence semble avoir été une des causes du développement de la compétence échevinale, et de la transformation du corps des échevins juges fonciers en organe administratif et politique.

Rappelons en terminant que les justices foncières ne sont pas des institutions propres à une région, ni même à la France. Elles se rencontrent dans d'autres pays, où le régime féodal s'est implanté. Qu'il nous suffise de rappeler les *Dinghöfer* d'Allemagne, les *Copyholders* d'Angleterre, et les *Lael haeven* de la Flandre.

Méconnue par la plupart des historiens de notre droit public, contestée même par plusieurs, cette juridiction foncière nous apparaît donc comme une des institutions des plus originales et des plus intéressantes de l'époque féodale.

Vu :

Le Doyen,   Le Président de la Thèse,

Louis VALLAS.   F. PELTIER.

Vu et permis d'imprimer :

Lille, le 8 juin 1899.

Le Recteur,

J. MARGOTTET.

TABLE DES MATIÈRES

Alençon. — Imp. Veuve Félix GUY et Cⁱᵉ, 11, rue de la Halle-aux-Toiles.

www.ingramcontent.com/pod-product-compliance
Lightning Source LLC
Chambersburg PA
CBHW071642200326
41519CB00012BA/2369